Sandra Sommer

Evangelische Religion an Stationen

Handlungsorientierte Materialien zu den Kernthemen der
Klassen 3 und 4

Auer Verlag

Die Internetadressen, die in diesem Werk angegeben sind, wurden vom Verlag sorgfältig geprüft (Redaktionsschluss November 2012). Da wir auf die externen Seiten weder inhaltliche noch gestalterische Einflussmöglichkeiten haben, können wir nicht garantieren, dass die Inhalte zu einem späteren Zeitpunkt noch dieselben sind wie zum Zeitpunkt der Drucklegung. Der Auer Verlag übernimmt deshalb keine Gewähr für die Aktualität und den Inhalt dieser Internetseiten oder solcher, die mit ihnen verlinkt sind, und schließt jegliche Haftung aus.
Hinweisen an info@auer-verlag.de auf veränderte Inhalte verlinkter Seiten werden wir selbstverständlich nachgehen.

Die Herausgeber:

Marco Bettner – Rektor als Ausbildungsleiter, Referent in der Lehrerfort- und Lehrerweiterbildung, zahlreiche Veröffentlichungen als Autor und Herausgeber

Dr. Erik Dinges – Rektor einer Förderschule für Lernhilfe, Referent in der Lehrerfort- und Lehrerweiterbildung, zahlreiche Veröffentlichungen als Autor und Herausgeber

Die Autorin:

Sandra Sommer – Förderschullehrerin, langjährige Berufserfahrung an einer Grundschule, zahlreiche Veröffentlichungen

Gedruckt auf umweltbewusst gefertigtem, chlorfrei gebleichtem
und alterungsbeständigem Papier.

2. Auflage 2012
Nach den seit 2006 amtlich gültigen Regelungen der Rechtschreibung
© Auer Verlag
AAP Lehrerfachverlage GmbH, Donauwörth
Alle Rechte vorbehalten
Das Werk und seine Teile sind urheberrechtlich geschützt. Jede Nutzung in anderen als den gesetzlich zugelassenen Fällen bedarf der vorherigen schriftlichen Einwilligung des Verlages. Hinweis zu § 52 a UrhG: Weder das Werk noch seine Teile dürfen ohne eine solche Einwilligung eingescannt und in ein Netzwerk eingestellt werden. Dies gilt auch für Intranets von Schulen und sonstigen Bildungseinrichtungen.
Illustrationen: Corina Beurenmeister
Satz: Fotosatz H. Buck, Kumhausen
Druck und Bindung: Aubele Druck GmbH, Kempten
ISBN 978-3-403-**06668**-2

www.auer-verlag.de

Inhalt

Vorwort 4

Materialaufstellung und Hinweise 5

Spuren des Lebens entdecken
Station 1: Spuren am Weg 7
Station 2: Spuren meines Lebens 9
Station 3: Sinnspuren 10
Station 4: Spuren der Liebe Gottes 11
Station 5: Spurenbild 12

Juden und ihren Glauben verstehen lernen
Station 1: Die Synagoge 14
Station 2: Sabbat 15
Station 3: Tora 16
Station 4: Passa-Fest 18
Station 5: Juden und Christen 19

Die Bibel
Station 1: Die Bücher der Bibel 21
Station 2: Bibelstellen-Rätsel 22
Station 3: Bibel verstehen 23
Station 4: Bibelrezept 24
Station 5: Geschichten erzählen vom Leben 25

Sich nach Freiheit sehnen – Freiheit erleben
Station 1: Frei sein wollen 26
Station 2: Freiheit 27
Station 3: Auf dem Weg in die Freiheit 28
Station 4: Jahwe 29
Station 5: Spiritual 30
Station 6: Wie Kinder Unterdrückung erleben 31

Über Sterben und Tod nachdenken
Station 1: Der Tod gehört zum Leben 32
Station 2: Abschied 33
Station 3: Rituale des Abschieds 34
Station 4: Das Trauerbuch 35
Station 5: Leben nach dem Tod 36
Station 6: Vorstellungen vom Tod 38

Zum Frieden anstiften
Station 1: Friedensstifter 39
Station 2: Friedenstaube 40
Station 3: Botschaft von Engeln 41
Station 4: Schutzengel 42
Station 5: Friedensstifter werden 43
Station 6: Gottes Kinder 45

Mit Gottes Geboten leben
Station 1: Kreuzworträtsel: Gebote 47
Station 2: Gebote heute 48
Station 3: Gebotsbrecher-Geschichten 49
Station 4: Gebote-Memory® 50
Station 5: Gebote verstehen 51

Wurzeln des Glaubens
Station 1: Martin Luther 52
Station 2: Ökumene 54
Station 3: Vaterunser – ein gemeinsames Gebet 55
Station 4: Luthers 95 Thesen 56
Station 5: Bibelübersetzung 57

Muslimen begegnen – ihre Lebensweise verstehen
Station 1: Mohammed 58
Station 2: Aufbau und Inhalt des Koran ... 60
Station 3: Die 99 Namen Allahs 61
Station 4: Die fünf Säulen des Islam 62
Station 5: Die rituelle Waschung 63
Station 6: Das Gebet 64
Station 7: Ramadan 65

Anhang
Laufzettel 66
Lösungen 67

Vorwort

Bei den vorliegenden Stationsarbeiten handelt es sich um eine Arbeitsform, bei der unterschiedliche Lernvoraussetzungen, unterschiedliche Zugänge und Betrachtungsweisen und unterschiedliche Lern- und Arbeitstempi der Schüler* Berücksichtigung finden. Die Grundidee ist, den Schülern einzelne Arbeitsstationen anzubieten, an denen sie gleichzeitig selbstständig arbeiten können. Die Reihenfolge des Bearbeitens der einzelnen Stationen ist dabei ebenso frei wählbar wie das Arbeitstempo und meist auch die Sozialform.

Als dominierende Unterrichtsprinzipien sind bei allen Stationen die Schüler- und Handlungsorientierung aufzuführen. Schülerorientierung meint, dass der Lehrer in den Hintergrund tritt und nicht mehr im Mittelpunkt der Interaktion steht. Er wird zum Beobachter, Berater und Moderator. Seine Aufgabe ist nicht das Strukturieren und Darbieten des Lerngegenstandes in kleinsten Schritten, sondern durch die vorbereiteten Stationen eine Lernatmosphäre zu schaffen, in der sich die Schüler Unterrichtsinhalte eigenständig erarbeiten bzw. Lerninhalte festigen und vertiefen können.

Handlungsorientierung meint, dass das angebotene Material und die Arbeitsaufträge für sich selbst sprechen. Der Unterrichtsgegenstand und die zu gewinnenden Erkenntnisse werden nicht durch den Lehrer dargeboten, sondern durch die Auseinandersetzung mit dem Material und die eigene Tätigkeit gewonnen und begriffen.

Ziel der Veröffentlichung ist, wie oben angesprochen, das Anknüpfen an unterschiedliche Lernvoraussetzungen der Schüler. Jeder einzelne Schüler erhält seinen eigenen Zugang zum inhaltlichen Lernstoff. Die einzelnen Stationen ermöglichen das Lernen nach allen Sinnen bzw. nach den verschiedenen Eingangskanälen. Dabei werden sowohl visuelle (sehorientierte), haptische (fühlorientierte) als auch intellektuelle Lerntypen angesprochen. An dieser Stelle werden auch gleichermaßen die Bruner'schen Repräsentationsebenen (enaktiv bzw. handelnd, ikonisch bzw. visuell und symbolisch) mit einbezogen. Aus Ergebnissen der Wissenschaft ist bekannt: Je mehr Eingangskanäle angesprochen werden, umso besser und langfristiger wird Wissen gespeichert und damit umso fester verankert.

Viel Freude und Erfolg mit dem vorliegenden Heft wünschen Ihnen
die Herausgeber

Marco Bettner   *Dr. Erik Dinges*

---

* Aufgrund der besseren Lesbarkeit ist in diesem Buch mit Schüler auch immer Schülerin gemeint, ebenso verhält es sich mit Lehrer und Lehrerin etc.

Materialaufstellung und Hinweise

Viele Stationen sind in Einzelarbeit zu bearbeiten. Teilweise jedoch ist Partner- (PA), Gruppenarbeit (GA) oder eine Besprechung im Plenum (Pl) notwendig. Dies ist bei der Planung zu berücksichtigen.
Die Arbeitsblätter jeweils im Klassensatz kopieren. Schreibstifte an den Stationen bereitlegen. Zusätzlich benötigte Materialien werden im Folgenden bei den einzelnen Stationen aufgelistet.

Spuren des Lebens entdecken

Station 3: Sinnspuren
- Schere
- Klebstoff

Station 4: Spuren der Liebe Gottes
- Buntstifte *und/oder*
- andere Materialien zum Gestalten
- Schere
- Klebstoff

Station 5: Spurenbild (EA und PA)
- Schere
- Klebstoff
- Zeichenblock (DIN A3 oder DIN A4)
- Wasserfarben
- Wasserbecher
- Pinsel

Juden und ihren Glauben verstehen lernen

Station 3: Tora
- 2 kleine Holzstäbe
- Papier in Pergamentoptik
- etwas Stoff
- Schere
- Klebstoff

Station 4: Passa-Fest (GA)
- Weizenmehl
- Salz
- Wasser
- Schüssel
- Backofen

(Menge der Zutaten je nach gewünschter Anzahl)

Die Bibel

Station 1: Die Bücher der Bibel
- Bibel oder Internet (z. B. www.bibel-online.net)

Station 2: Bibelstellen-Rätsel
- Bibel oder Internet (z. B. www.bibel-online.net)

Station 4: Bibelrezept (GA)
- Mehl
- Honig
- gemahlene Mandeln
- Eier
- Butter
- Schüssel
- Frischhaltefolie
- Backpapier
- Backofen

(Menge der Zutaten je nach gewünschter Anzahl)

Sich nach Freiheit sehnen – Freiheit erleben

Station 1: Frei sein wollen (EA, Pl)
- leere Blätter Papier
- Schere
- Klebstoff

Station 2: Freiheit
- Buntstifte

Station 5: Spiritual (EA, Pl)
- Buntstifte
- falls das Lied in der Klasse gesungen wird: CD und CD-Spieler (oder andere Medien zum Abspielen der Tonspur)

Übersetzung des Liedtextes:

> **Geh hin, Mose**
>
> 1. Als Israel in Ägypten war –
> Lass mein Volk doch zieh'n!
> Das Joch nicht zu ertragen war.
> Lass mein Volk doch zieh'n!
>
> **Geh hin, Mose,
> Geh ins Ägypterland,
> Sag König Pharao:
> Lass mein Volk doch zieh'n!**
>
> 2. „Gott will's", sprach Mose vor dem Thron –
> Lass mein Volk doch zieh'n!
> „Sonst töt' ich deinen ersten Sohn."
> Lass mein Volk doch zieh'n!
>
> **Geh hin, Mose …**

3. „Genug der Knechtschaft, Last und Fron."
Lass mein Volk doch zieh'n!
„Lass zieh'n es mit Ägyptens Lohn!"
Lass mein Volk doch zieh'n!

Geh hin, Mose ...

4. Und Gott wies Mose Weg und Zeit –
Lass mein Volk doch zieh'n!
Dass er sein Volk zur Freiheit leit'.
Lass mein Volk doch zieh'n!

Geh hin, Mose ...

Über Sterben und Tod nachdenken

Station 1: Der Tod gehört zum Leben (Pl)
Besprechung der Blätter im Plenum; „Baum" für das Klassenzimmer vorbereiten, an den die Blätter mit den Fragen geheftet werden können
- Schere

Station 2: Abschied
- Buntstifte

Station 4: Das Trauerbuch
- Buntstifte und Papier *und/oder*
- andere Materialien zum Bekleben oder Gestalten

Station 5: Leben nach dem Tod (EA, Pl)
Die Lehrperson kann zunächst die Fantasiereise (Pl) mit den Kindern durchführen. Anschließend kann der Text in EA ausgeschnitten, auf das Arbeitsblatt geklebt und die Zeichnung bunt gemalt werden.
- Schere
- Klebstoff
- Buntstifte

Zum Frieden anstiften

Station 1: Friedensstifter
- Buntstifte

Station 2: Friedenstaube
- Schere
- Faden zum Aufhängen

Station 3: Botschaft von Engeln
- Bibel oder Internet (z. B. www.bibel-online.net)

Station 4: Schutzengel (GA)
- Mehl
- Salz
- Wasser
- Öl
- Schüssel
- Wasserfarben, Wasserglas und Pinsel *oder*
- Lebensmittelfarbe

(Menge der Zutaten je nach gewünschter Anzahl)

Station 5: Friedensstifter werden
- Schere
- Klebstoff

Station 6: Gottes Kinder (GA)
- großes Papier oder Tapetenrolle
- blaue und braune Wasserfarben
- Pinsel
- Wasserbecher
- Schere
- Klebstoff
- Bunt- oder Filzstifte

Mit Gottes Geboten leben

Station 3: Gebotsbrecher-Geschichten (EA, Pl)
- leere Blätter Papier

Station 4: Gebote-Memory® (EA, PA)
- Schere

Wurzeln des Glaubens

Station 1: Martin Luther (Pl)
Die Lehrperson kann eine Fantasiereise (Pl) mit den Kindern durchführen. Der Lesetext kann den Kindern aber auch direkt zur Verfügung gestellt werden.

Station 3: Vaterunser – ein gemeinsames Gebet
- Schere
- Klebstoff

Muslimen begegnen – ihre Lebensweise verstehen

Station 1: Mohammed
- Schere
- Klebstoff

Station 3: Die 99 Namen Allahs
- Internet

Station 4: Die fünf Säulen des Islam
- Schere
- Klebstoff

Station 5: Die rituelle Waschung
- Buntstifte

Station 1  Spuren am Weg

Aufgabe 1: Lies den Text.

Aufgabe 2: Welche Spuren hat der jüngere Sohn hinterlassen?

_____

_____

_____

Aufgabe 3: Überlege, welche Spuren er genau in den Herzen einzelner Menschen hinterlassen haben könnte. Schreibe sie in die Herzen.

Station 1 — Spuren am Weg (Lesetext)

Es lebte einmal ein Vater, der zwei Söhne hatte. Er wurde langsam älter und dachte über sein Leben nach.

Ihm kamen Zweifel, ob er seinen Söhnen wohl das Wichtigste für ihr Leben weitergegeben hatte.

Er dachte nach. Dann rief er seine Söhne zu sich. „Ich bin alt und meine Spuren und Zeichen verblassen bald. Ich möchte, dass ihr in die Welt hinausgeht, um eigene Spuren und Zeichen zu hinterlassen."

Beide Söhne machten sich auf den Weg.

Der Ältere begann fleißig, Zeichen in Bäume zu ritzen. Er knickte Äste um und band Grasbüschel zusammen, damit sein Weg gekennzeichnet wurde.

Auch der jüngere Sohn war unterwegs. Er ging in die Dörfer, an denen er vorbeikam. Dort feierte er mit den Menschen und sprach mit ihnen. Er tanzte und aß mit den Bewohnern. So zog er durch das Land.

Nach einiger Zeit kehrten sie zurück. Der Vater freute sich sehr, beide Söhne wiederzusehen. Dann machten sie sich gemeinsam auf seine letzte Reise. Denn er wollte die Zeichen und Spuren sehen, die sie hinterlassen hatten.

Die umgeknickten Äste waren abgebrochen und verweht, auch die Grasbüschel waren kaum noch zu erkennen.

Aber immer, wenn sie an einem Dorf vorbeikamen, rannten die Kinder und Erwachsenen auf sie zu und begrüßten den jüngeren Sohn. Sie freuten sich, ihn wiederzusehen, und luden alle ein.

Der Vater schaute zufrieden zu seinen Söhnen und sagte: „Ihr habt euch beide viel Mühe gegeben. Du, mein ältester Sohn, hast keine Anstrengung gescheut. Aber deine Zeichen sind verblasst.

Du, mein jüngerer Sohn, hast Zeichen und Spuren in den Herzen der Menschen hinterlassen. Diese bleiben und leben weiter."

(aus Afrika)

Station 2 — Spuren meines Lebens

Alles, was uns begegnet, lässt Spuren zurück (...)
(Goethe)

Auch in deinem Leben gab es sicherlich schon Spuren, die bedeutsam waren und dein Leben geprägt haben. Oder es gab Spuren, die du hinterlassen hast. Vielleicht sogar welche, die du gerne verwischen möchtest.

Aufgabe: Schreibe in die Fußspuren, was in deinem Leben bereits Spuren hinterlassen hat.

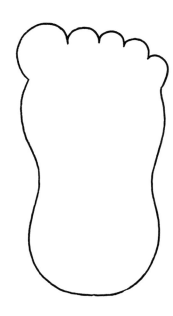 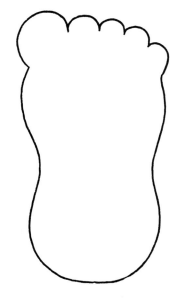

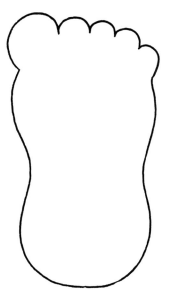 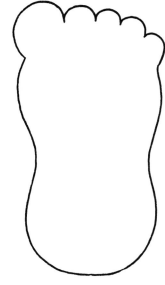

Station 3: Sinnspuren

Aufgabe: Schneide die Satzstreifen aus.
Klebe sie in der entsprechenden Reihenfolge auf.

Das Gleichnis vom törichten Reichen

✂

Die Felder eines reichen Mannes ließen eine gute Ernte erwarten. Daher überlegte er, was er mit dem Ertrag machen sollte.

„Ich werde essen und trinken und es mir richtig gut gehen lassen, denn die Vorräte reichen für Jahre." Da sprach Gott zu ihm: „Du Narr! In dieser Nacht noch wird dein Leben zurückgefordert."

Schließlich sagte er: „Ich werde meine Scheune abreißen und eine größere Scheune bauen. Da kann ich alles unterbringen und mich ausruhen."

„Wem wird dann all das gehören, was du angehäuft hast? – So geht es jedem, der nur für sich selbst Schätze sammelt, aber vor Gott nicht reich ist."

Station 4: Spuren der Liebe Gottes

Aufgabe: Gestalte den Psalm.

Du kannst malen oder auch verschiedene Materialien aufkleben.

HERR,
WEISE MIR DEINEN WEG
UND LEITE MICH
AUF RICHTIGER BAHN.

(Psalm 27,11)

| Station 5 | *Spurenbild* | |

Aufgabe 1: Lies dir den Spruch von Antoine de Saint-Exupéry durch.
Überlege mit einem Partner, was er bedeuten könnte.

Hier könnt ihr Notizen machen:
_____
_____
_____
_____
_____

Aufgabe 2: Gestalte ein Spurenbild.

Schneide dazu den Spruch von Antoine de Saint-Exupéry aus. Klebe ihn in die Mitte eines leeren Blattes und drucke Fußspuren um den Text herum.

Schreibe zu den Fußspuren, welche Spuren du gerne in deinem Leben hinterlassen möchtest.

Anleitung für die Fußspuren:
- Mache deine Hand zu einer Faust.
- Male die Außenseite der Faust mit etwas Wasserfarbe an.
- Drücke die bemalte Seite auf das Blatt.
- Färbe deinen kleinen Finger mit Wasserfarbe ein und drucke dem Fußabdruck die fehlenden Zehen dazu.

Station 5 — Spurenbild (Lesetext)

Geh nicht nur die glatten Straßen.
Geh Wege, die noch niemand ging,
damit du Spuren hinterlässt
und nicht nur Staub.

(Antoine de Saint-Exupéry)

Station 1: Die Synagoge

Die Synagoge ist ein Versammlungsort und Gebetshaus der Juden.
Hier finden jüdische Gottesdienste, Zeremonien und Gemeindetreffen statt.
Synagogen sind immer nach Jerusalem ausgerichtet.

Aufgabe: Beschrifte das Bild der Synagoge.

Die Begriffe unten helfen dir.

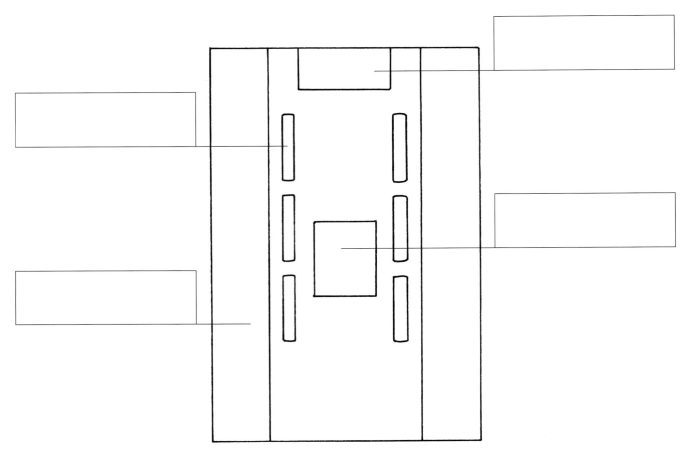

| Toraschrein | Sitzplätze für erwachsene Männer |
| Sitzplätze für Frauen und Kinder auf der Galerie | Lesepult (Almemor/Bima) |

Station 2 — Sabbat

Aufgabe: Setze die passenden Wörter in die Lücken ein.
Die fehlenden Wörter findest du unten im Suchsel.

Der Sabbat

In der Tora heißt ein _____:

„Du sollst den _____ heiligen."

An diesem Tag darf nicht _____ werden.

Der Sabbat beginnt am _____, wenn die ersten

drei Sterne am Himmel stehen und endet genau zur selben Zeit am

Samstag. Die ganze Familie geht gemeinsam in die

_____. In einem Gottesdienst wird nun die

„Königin Schabbat" begrüßt. So wird dieser Tag oft genannt.

Danach wird der Beginn des Sabbats mit einem herrlichen Mahl

gefeiert. Der ganze Samstag gehört _____ und der Familie.

S	R	J	G	E	B	O	T	E	S	R	S	Z
A	G	E	A	R	B	E	I	T	E	T	Y	G
B	G	H	F	R	E	I	T	A	G	C	V	O
B	W	E	R	K	L	X	Z	S	I	S	K	T
A	R	T	Z	U	I	O	P	Ü	A	S	D	T
T	S	Y	N	A	G	O	G	E	Q	W	E	R
E	Y	X	C	V	B	N	M	T	H	O	M	A

Station 3 — Tora (1)

Aufgabe 1: Bilde aus den Wörtern Sätze und schreibe sie in dein Heft.

1. die Tora wird Für die hebräische verwendet Schrift.
2. von speziellen Die Torarollen Schreibern werden auf Pergament geschrieben.
3. Büchern Sie Mose besteht fünf aus den.
4. Die Stäbe ist auf zwei Tora gewickelt.
5. wird Sie Holzkasten (Tik) aufbewahrt entweder in einen Mantel gewickelt bestickten oder in einem.
6. im Toraschrein Dieser verwahrt wird.
7. einem Schild Die Rolle selbst wird mit verziert.
8. Häufig eine Krone einen Aufsatz bekommt sie oder.
9. aus Silber Diese meist sind.
10. Tora Gelesen wird die mit Deuters (Jad) Hilfe eines.
11. silberner Stab Das ist ein, dessen Zeigefinger eine Hand mit ausgestrecktem Ende ziert.
12. unsauberen Händen schützen Er dient als und soll die Lesehilfe Torarolle vor.

Station 3 — Tora (2)

Aufgabe 2: Bastle eine kleine Tora.

Du brauchst:

- 2 kleine Holzstäbe
- Pergamentpapier
- etwas Stoff
- Schere
- Klebstoff

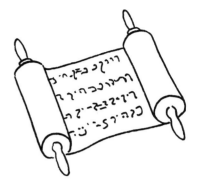

Anleitung:

Lege das Papier vor dich.
Bringe am oberen und am unteren Rand Klebstoff auf.

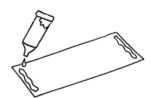

Wickle diese Ränder fest um jeweils einen Holzstab.

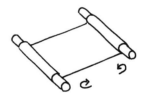

Lass den Klebstoff kurz trocknen.
Inzwischen kannst du den Stoff für den „Mantel" zuschneiden.
Er soll so lang sein, dass die Tora zusammengerollt hineingewickelt werden kann.

Wenn der Klebstoff trocken ist, rolle deine Tora zusammen.
Als Schutz umwickelst du sie nun mit dem Stoff.
Diesen kannst du auch hübsch gestalten (bemalen, bekleben …).

Station 4 — Passa-Fest

Das Passa- oder Pessach-Fest der Juden wird am 1. Vollmond im Frühjahr gefeiert. Es beginnt mit einem Sederabend, der nach festgelegten Regeln abgehalten wird. Während des Pessach-Festes darf nur ungesäuertes Brot (Matze, Plural Matzen) gegessen werden. Es soll die Juden an den eiligen Auszug des Volkes Israel aus Ägypten erinnern. Es blieb keine Zeit, das Brot fertig gären zu lassen.

Aufgabe: Stelle selbst ungesäuertes Brot her.

Rezept für Matzen

Zutaten:

- 400 g Weizenmehl
- 1 Prise Salz
- 0,5 bis 1 Liter Wasser

Zubereitung:

1. Verrühre Weizenmehl, Salz und Wasser zu einem geschmeidigen Teig. Knete ihn gut durch.
2. Rolle den Teig zu einem Fladen aus.
3. Heize den Ofen auf 200 °C vor. Backe das Brot 15 Minuten, bis es goldgelb ist.

Station 5 — Juden und Christen (1)

Aufgabe 1: Lies den Text.

Markiere alle Aussagen zum Christentum grün und alle Aussagen zum Judentum blau.

Judentum und Christentum im Vergleich

Für die Christen ist Jesus der Sohn Gottes, der zu Fleisch geworden ist. Er ist gestorben und wieder auferstanden. Daher glauben sie auch an den dreieinigen Gott, bestehend aus Gott, dem Heiligen Geist und Jesus Christus.

Die Juden glauben nicht an Jesus als Gottes Sohn. Sie sehen in ihm einen großen Propheten, Meister und Lehrer. Für die Juden ist der Messias noch nicht erschienen. Er wird erst kommen, wenn alle Juden den Sabbat einhalten und feiern.
Die christliche Bibel besteht aus dem Alten Testament und dem Neuen Testament. Das Neue Testament ist in der jüdischen Tora nicht enthalten.
Ein weiterer Punkt in dem Juden und Christen sich unterscheiden, ist der Tag, an dem sie Gott ehren. Die Juden feiern am Samstag den Sabbat. Die Christen dagegen halten am Sonntag ihre Gottesdienste ab.

Aber in beiden Religionen wird Abraham als Stammhalter angesehen und gewürdigt. Ebenso halten beide ihre Gottesdienste in eigens dafür eingerichteten Häusern: Bei den Juden ist das die Synagoge und bei den Christen die Kirche. Der Gottesdienst wird in der Kirche vom Pfarrer gehalten, in der Synagoge übernimmt diese Aufgabe ein Rabbiner. Der Pfarrer betet an einem Altar, während in der Synagoge ein Betpult vorhanden ist. Jerusalem gilt in beiden Religionen als Heilige Stätte.
Sowohl Juden als auch Christen haben ein Symbol für ihren Glauben. Bei Christen ist es das Kreuz, bei Juden der Davidstern:

Station 5 — Juden und Christen (2)

Aufgabe 2: Wozu gehört was? Verbinde mit Linien.

| JUDEN | | | | | CHRISTEN |

Tora   Rabbiner   Kirche   Betpult   Pfarrer   Sonntag

Sabbat   Synagoge   Bibel   Kreuz   Altar

Aufgabe 3: Male alle Gemeinsamkeiten der Juden und Christen grün an.

- Gott als Schöpfer
- Sabbat
- Abraham
- Tora
- Bibel
- Gebote
- Altes Testament
- Kirche

Station 1 — Die Bücher der Bibel

Aufgabe: In welches Regal gehören die Bücher?
Verbinde die Bücher mit dem entsprechenden Regal.

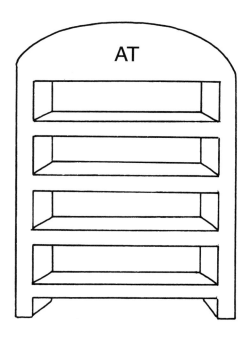
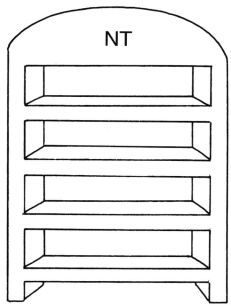

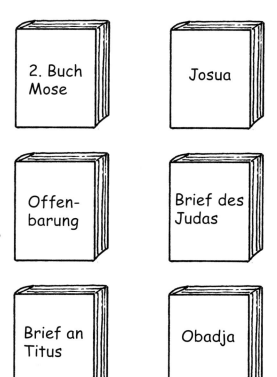

Station 2 — Bibelstellen-Rätsel

Aufgabe: Suche die Bibelstellen und schreibe die Wörter auf.
Wenn du alle Wörter gefunden hast, ergeben sie einen Lösungssatz.

Bibelstellen

1. Buch Mose 3,12   4. Wort: _____

2. Buch Mose 5,22   20. Wort: _____

Josua 3,8   2. Wort: _____

1. Buch Mose 1,4   7. Wort: _____

1. Buch der Könige 2,24 26. Wort: _____

Hast du den Lösungssatz gefunden?

Prima, dann trage ihn hier ein:

_____!

Station 3 — Bibel verstehen

Aufgabe 1: Lies dir die Bibelstellen durch.

> Denn wo zwei oder drei versammelt sind in meinem Namen, da bin ich mitten unter ihnen.
>
> (Matthäus 18,20)

> Ihr werdet mich suchen und finden. Denn so ihr mich von ganzem Herzen suchen werdet, so will ich mich von euch finden lassen, spricht der HERR, und will euer Gefängnis wenden und euch sammeln aus allen Völkern und von allen Orten, dahin ich euch verstoßen habe, spricht der HERR, und will euch wiederum an diesen Ort bringen, von dem ich euch habe lassen wegführen.
>
> (Jeremia 29,13–14)

> Und er hob seine Augen auf über seine Jünger und sprach: Selig seid ihr Armen; denn das Reich Gottes ist euer. Selig seid ihr, die ihr hier hungert; denn ihr sollt satt werden. Selig seid ihr, die ihr hier weint; denn ihr werdet lachen. Selig seid ihr, so euch die Menschen hassen und euch absondern und schelten euch und verwerfen euren Namen als einen bösen um des Menschensohns willen. Freut euch alsdann und hupfet; denn siehe, euer Lohn ist groß im Himmel.
>
> (Lukas 6,20–23)

Aufgabe 2: Lies dir nun die folgenden drei Texte durch.

Überlege, welche Bibelstelle in welcher Situation helfen könnte. Male die Bibelstelle oben und den entsprechenden Text in der gleichen Farbe an.

> Julia ist ganz neu in der Stadt. Sie kennt noch niemanden. Julia fühlt sich sehr einsam. Ihre Mutter hat ihr versprochen, dass sie am Sonntag mit ihr in den Gottesdienst geht.

> Jans Bruder ist sehr krank. Jan hofft, dass er wieder ganz gesund wird. Er sucht jeden Abend das Gespräch mit Gott, indem er zu ihm betet.

> Richard ist obdachlos und lebt auf der Straße. Manchmal hat er nicht einmal genug Geld, um sich etwas zu essen zu kaufen. Er fragt sich oft, ob Gott ihn vergessen hat.

Station 4: Bibelrezept

Aufgabe 1: Suche die Bibelstellen. Ergänze die Zutaten in der Tabelle.

Zutaten:

Wie viel?	Bibelstelle	Was ist es?
225 g	1. Könige 5,2	
100 g	Sprüche 16,24	
180 g (gemahlen)	4. Mose 17,23	
1	Lukas 11,12	
200 g	5. Mose 32,14 (1. Zutat)	
1 Teelöffel	–	Vanillezucker

Aufgabe 2: Stelle mithilfe des Rezepts Kipferln her.

Zubereitung:

1. Vermische alle Zutaten in der Schüssel.
2. Knete den Teig gut durch.
3. Wickle ihn in Frischhaltefolie und stelle ihn eine Stunde kühl.
4. Forme kleine Kipferl.
5. Lege sie auf ein mit Backpapier belegtes Blech und backe sie bei 180 °C etwa 20 Minuten.

Hmmm, lecker!

Station 5 — Geschichten erzählen vom Leben

Aufgabe: Lies dir die kurzen Geschichten durch.

Zu jeder Geschichte passen eine Bibelstelle und ein Wortpaar. Male die passenden Karten in derselben Farbe an.

Tim schreibt heute eine Klassenarbeit. Er hat viel gelernt, ist aber sehr aufgeregt. In seinem Herzen sagt er: „Herr Jesus, bitte hilf mir. Ich weiß nicht weiter, aber du weißt, dass ich viel geübt habe." Er bittet Gott und Jesus um Hilfe. Und tatsächlich wird er langsam ruhiger und all das Gelernte fällt ihm wieder ein. Nun kann er die schweren Aufgaben lösen.

Angst – Vertrauen

Aber mit uns ist der Herr, Gott, um uns zu helfen.
(2. Chronik 32,8)

Ich will dem Herrn meine Übertretungen bekennen; und du, du hast vergeben die Ungerechtigkeit meiner Sünde. (Psalm 32,5)

Schuld – Vergebung

Auf dem Schulhof ist viel los. In einer Ecke stehen einige Kinder und schauen zwei Jungs zu, die mit einem Feuerzeug spielen. Sie zünden alles an, was sie auf dem Boden finden. Auch ein Stück Plastikfolie. Die geht schnell in Flammen auf und stinkt und qualmt ganz fürchterlich. Alle erschrecken sich. Wer hätte gedacht, dass eine so große Flamme dabei entsteht?
Der Lehrer eilt herbei und schimpft. Er will wissen, wer das Feuer gemacht hat. Lilly steht dabei und überlegt. Sie will die Jungs nicht verpetzen. Aber ein schlechtes Gewissen hat sie dennoch … Es hätte ja Schlimmeres passieren können. Da geht sie einen Schritt nach vorn und sagt: „Herr Schmidt, ich habe diejenigen, die das Feuer gemacht haben, nicht davon abgehalten. Ich bin sogar dabeigestanden und habe zugeschaut, weil ich es auch toll fand. Ich bin also auch schuldig."
Egal, wie die Strafe ausfällt, Lilly geht es nun besser, denn sie hat ihre Schuld zugegeben. Sie hörte auf ihr Gewissen und das ist wieder rein, denn Gott hat ihr schon vergeben.

Station 1 — Frei sein wollen

Aufgabe: Der Text des Liedes ist durcheinandergeraten.

Schneide die Textteile aus und klebe sie in der richtigen Reihenfolge auf ein leeres Blatt Papier.

Singt das Lied gemeinsam in der Klasse.

Die Gedanken sind frei   **Volkslied**

Die Gedanken sind frei … wer kann sie erraten?

Sie fliegen vorbei … wie nächtliche Schatten.
Kein Mensch kann sie wissen … kein Jäger erschießen …
Mit Pulver und Blei: Die Gedanken sind frei!

Ich denke, was ich will … und was mich beglücket …

Und will mich auch nimmer … mit Grillen mehr plagen.
Man kann ja im Herzen … stets lachen und scherzen …
Und denken dabei: Die Gedanken sind frei!

Das alles sind rein … vergebliche Werke.
Denn meine Gedanken … zerreißen die Schranken …
Und Mauern entzwei: Die Gedanken sind frei!

Drum will ich auf immer … den Sorgen entsagen …

Doch alles in der Still' … und wie es sich schicket.
Mein Wunsch und Begehren … kann niemand verwehren.
Es bleibet dabei: Die Gedanken sind frei!

Und sperrt man mich ein … im finsteren Kerker …

Station 2 — Freiheit

Aufgabe: Schreibe in die Vögel, was für dich Freiheit ausmacht.

Schreibe in die Steine, was Unterdrückung ausmacht oder wie sich unterdrückte Menschen fühlen.

Male das Bild dann in passenden Farben an.

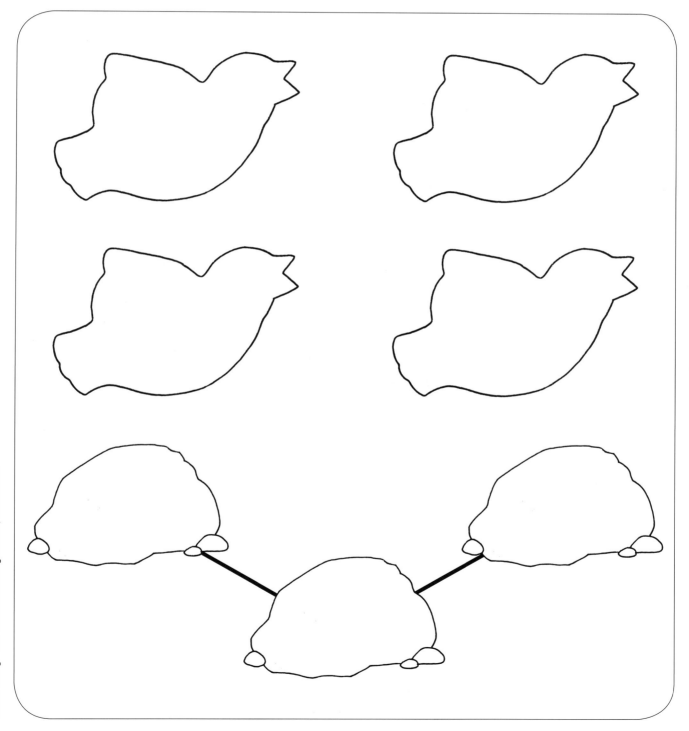

Station 3 — Auf dem Weg in die Freiheit

Aufgabe: Löse das Kreuzworträtsel.

Senkrecht:

1. Gott rettet die Israeliten und führt sie in die _____.
2. Aus _____ mussten die Israeliten Ziegel formen und daraus Vorratsstände bauen.
3. Durch schwere _____ wollten die Ägypter die Israeliten schwächen.
5. Gott teilte das _____, damit die Israeliten vor den Ägyptern fliehen konnten.
7. Der König befahl, dass alle _____ bei der Geburt sterben mussten.

Waagerecht:

4. Dieses Volk wurde unterdrückt.
6. Er überlebte, weil seine Mutter ihn am Nilufer im Schilf aussetzte.
7. Gottes Name, der „Ich bin da" bedeutet.
8. In diesem Land lebten die Israeliten.

Station 4 — Jahwe

Das Volk der Israeliten wurde in Ägypten unterdrückt. Gott führte es mit Moses' Hilfe aus dem Land in die Freiheit und sagte: „Ich bin Jahwe, dein Gott, der dich aus Ägypten herausgeführt hat, aus dem Sklavenhaus" (2. Mose 20,2; 5. Mose 5,6).
Der Name steht demnach für ein befreites Leben im Glauben an Gott.

Aufgabe: Hinter jedem Zeichen der Geheimschrift versteckt sich ein Buchstabe. Entziffere die Geheimschrift.

A	B	C	D	E	F	G	H	I	J	K	L	M	N	O
✌	👌	👍	👎	☝	👉	☝	👆	✋	☺	😐	☹	⟲	⟳	⚐

P	Q	R	S	T	U	V	W	X	Y	Z	ß	Ö	Ä	Ü
⚑	✈	☼	💧	❄	✝	✞	☦	✠	✡	☪	←	⊠	↪	→

✋👍⚐ 👌✋⟳ ☺✌✋☦👉.

_____ _____ _____.

👉✌💧 👌✋👉👎✝❄👉❄ : ✋👍⚐ 👌✋⟳ 👉✌.

_____ _____ : ___ ___ _____.

👉✌💧 ✋💧❄ ⟲👉✋⟳ ⟳✌⟲👉 👉→☼

_____ _____ _____ _____ _____

✋⟳⟲👉☼.

_____ .

Station 5 — Spiritual

Um 1620 wurden die ersten Sklaven aus Afrika nach Amerika gebracht. Die Sklaven wurden wie Waren verkauft. Sie lebten in einfachen Holzhütten und jeder Freiheitswille wurde von ihren Herren mit roher Gewalt unterdrückt. Im Alten Testament fanden die Sklaven Geschichten, die ihrem eigenen Leben sehr ähnlich waren. Sie begannen, davon in Liedern zu singen. Die Texte hatten dabei zwei Bedeutungen: Sangen sie von dem Elend des israelischen Volkes, so meinten sie damit auch ihr eigenes Leid und ihre Unterdrückung. Diese Lieder wurden mündlich weitergegeben und so bis heute überliefert. 1808 wurde die Sklaverei in Amerika verboten.

Aufgabe: Male Bilder zu dem Lied und verziere das Blatt.

Singt das Lied gemeinsam in der Klasse.

Go down, Moses

1. When Israel was in Egypt's land,
let my people go,
oppressed so hard they could not stand,
let my people go.

**Go down, Moses,
way down in Egypt's land,
tell old Pharaoh:
Let my people go.**

2. "Thus spoke the Lord", old Moses said;
let my people go,
"If not I'll smite your first born dead",
let my people go.

Go down, Moses …

3. "No more shall they in bondage toil",
let my people go,
"let them come out with Egypt's spoil",
let my people go.

Go down, Moses …

4. The Lord told Moses what to do,
let my people go,
to lead the children of Israel, through,
let my people go.

Go down, Moses …

Station 6 — Wie Kinder Unterdrückung erleben

Aufgabe: Lies den Text und beantworte danach die Fragen im Heft.

Im Jahre 1995 arbeiteten etwa 73 Millionen Kinder im Alter von 10 bis 14 Jahren, das sind 13,2 Prozent der 10- bis 14-Jährigen weltweit.
In Indien, wie auch in vielen anderen Ländern, arbeiten Kinder in der Textil-, Kleidungs-, Teppich-, Schuh- und Glasindustrie. Außerdem arbeiten viele Kinder in der Feuerwerksproduktion, schleifen Diamanten und andere Edelsteine, fördern und bearbeiten Salz, Kalkstein und Mosaiksteine in Steinbrüchen. Oft sind diese Beschäftigungen für die Kinder gefährlich.
Die meisten dieser Kinder haben nicht die Möglichkeit, eine Schule zu besuchen. Auch ihre Eltern haben oftmals keine Schule besucht und können weder lesen noch schreiben. Die große Bedeutung, die Bildung heute hat, verstehen sie nicht. Die Kinder müssen oft neun Stunden oder länger pro Tag arbeiten und dies manchmal sieben Tage in der Woche.
Die Mehrheit der arbeitenden Kinder wird in der Landwirtschaft beschäftigt und ist regelmäßig rauem Klima, scharfen Werkzeugen, schwerer Last, giftigen Chemikalien und motorisierter Ausrüstung ausgesetzt. Deshalb werden viele Kinder während der Arbeit verletzt oder krank.
Aber in einigen Teilen der Welt gibt es Hoffnung: Es wurden neue Schulen eröffnet und Gesetze über Mindestlohn erlassen. Der Besuch von Schulen ist kostenfrei und die Schulmahlzeiten veranlassen die armen Familien, ihre Kinder zur Schule zu schicken. Durch den Mindestlohn können die Eltern überleben, ohne ihre Kinder zur Arbeit schicken zu müssen.
Auch die Erwachsenen werden weitergebildet. Sie lernen lesen und können sich über ihre Rechte informieren. Die Einführung der Schulpflicht für Kinder in Sri Lanka zum Beispiel konnte dafür sorgen, dass nur noch ein geringer Prozentsatz der Kinder arbeitet.
Vielleicht schaffen wir es in den nächsten Jahren, dass es Unterdrückung durch Kinderarbeit gar nicht mehr gibt und diese Kinder wieder eine Kindheit erleben können.

1. Werden Kinder nur in ungefährlichen Berufen eingesetzt?

2. Kümmern sich die Eltern darum, dass die Kinder eine Schule besuchen?

3. Wie hat es Sri Lanka geschafft, die Kinderarbeit zu verringern?

4. Was wäre deiner Meinung nach notwendig, um auch in anderen Ländern die Kinderarbeit zu reduzieren?

Station 1 — Der Tod gehört zum Leben

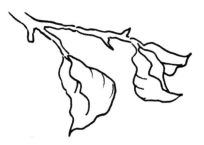

Der Ast sieht kahl aus.
Er hat keine Blätter.
Vielleicht lebt er nicht mehr?

Auch das Blatt hat nicht mehr viel Leben in sich.
Aber nur, wenn der Baum die vertrockneten Blätter abwirft, kann er im Frühjahr wieder erblühen.

Aufgabe: Schreibe auf das Blatt deine Fragen zum Thema „Tod".
Hänge deine Fragen an den Baum im Klassenzimmer.

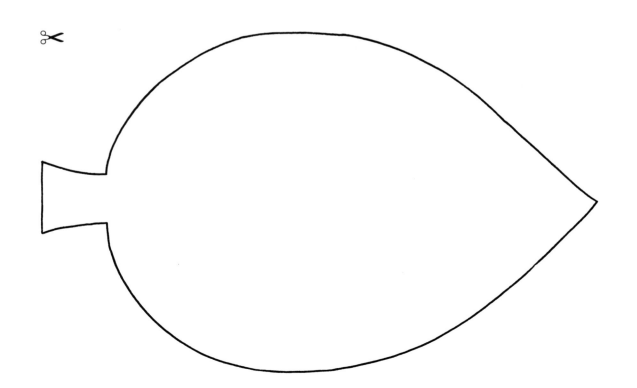

Station 2 — *Abschied*

Wenn ein geliebter Mensch stirbt, sind wir sehr traurig.
Jeder Mensch trauert anders.
Manche sind traurig und weinen, andere werden zornig
oder ziehen sich ganz allein zurück.

Aufgabe: In den Textkästchen findest du einige Ideen, wie du mit Trauer umgehen kannst. Lies sie und male die an, die dir in einer traurigen Situation helfen könnten.

| Fotos der verstorbenen Person betrachten und anderen von der Person berichten |
| an schöne Momente denken und lachen |
| einen Spaziergang machen |
| an der Beerdigung teilnehmen |
| laut Musik hören |
| weinen |
| Gedichte schreiben |
| deine Gefühle malen |
| dich mit Freunden treffen |
| Gedichte lesen |
| dich auf eine Wiese stellen und ganz laut schreien |

Hast du schon einmal getrauert?
Wie bist du mit deiner Trauer umgegangen?

_____
_____
_____

Station 3 — Rituale des Abschieds

Annika erzählt:

Ich war schon einmal auf einer Beerdigung.
Zuerst sind wir in die Kirche zum Aussegnungsgottesdienst gegangen.
Vorne stand der Sarg. Überall waren Kerzen und Blumen aufgestellt.
Eigentlich sah es sehr schön in der Kirche aus.
Während des Gottesdienstes wurde Kirchenmusik gespielt und es wurden Lieder gesungen.
Dann haben alle gebetet. Der Pfarrer hat aus der Bibel vorgelesen und eine Ansprache gehalten.
Dann wurde der Abschiedssegen erteilt.
Am Schluss des Gottesdienstes haben die Glocken geläutet und wir haben alle das Vaterunser gebetet.
Dann sind wir alle gemeinsam zum Grab gegangen, wo der Sarg in die Erde gelassen wurde. Jeder von uns hat noch eine Rose in das Grab gelegt.

Aufgabe: Hier siehst du einen Abschiedssegen.

Verbinde die Satzanfänge mit dem richtigen Satzende.

Es segne dich Gott, der Vater,	der dich durch sein Leiden und Sterben erlöst hat.
Es segne dich Gott, der Sohn,	der dich nach seinem Ebenbild erschaffen hat.
Es segne dich Gott, der Heilige Geist,	in das Reich, da seine Auserwählten ihn ewig preisen.
Der treue und barmherzige Gott wolle dich durch seine Engel geleiten	der dich zu seinem Tempel geführt und geheiligt hat.

Station 4 — *Das Trauerbuch*

Oft hast du das Gefühl, dass du der verstorbenen Person noch nicht alles gesagt hast.
Oft denkst du, die Person hat gar nicht gewusst, wie gern du sie hattest oder wie sehr du sie vermisst.

Dann kannst du ein Trauerbuch für die verstorbene Person machen.
Hier kannst du alles hineinschreiben, was du ihr noch sagen wolltest.
Du kannst malen, dichten, kleben, basteln.

Wenn du möchtest, hebst du es als Erinnerung auf oder du legst es bei der Beerdigung mit in das Grab.

Aufgabe: Wie würdest du dein Trauerbuch gestalten?

Zeichne eine Skizze auf ein Blatt.

Vielleicht helfen dir diese Ideen:

Gedicht

etwas malen

kleben und basteln

Foto

Station 5 — Leben nach dem Tod

Aufgabe 1: Lege dich gleich bequem auf den Boden.
Atme ruhig. Höre genau zu.

Aufgabe 2: Schneide den Text aus und klebe ihn in den Rahmen.

Aufgabe 3: Male das Bild aus.

Station 5 — Leben nach dem Tod (Lesetext)

Als du wieder aufwachst, fühlst du dich ganz sonderbar.
Komisch … in deinem Körper kribbelt es so.
Du willst loskriechen … aber nein, was ist das denn?
Du fühlst dich ganz leicht … und fliegst los.
Vorsichtig schaust du unter dich.
Da sind ja die anderen Raupen.
Sie sehen traurig aus.
Die denken sicher, dass du gestorben bist.
Dabei geht es dir prima.
Die Müdigkeit ist wie weggeblasen.
Ganz frei und leicht fliegst du als schillernder Schmetterling durch die Luft.

Station 6 — Vorstellungen vom Tod

Aufgabe: Viele Menschen glauben, dass Verstorbene in den Himmel kommen. Wieder andere denken, dass man nach dem Tod wiedergeboren wird.

Was glaubst du?

Schreibe hier deine Gedanken auf.

Station 1 — Friedensstifter

Aufgabe: 1: Lies und gestalte den Bibelspruch.

> Selig sind die Friedfertigen;
> denn sie werden Gottes Kinder heißen.
>
> (Matthäus 5,9)

Aufgabe 2: Wodurch kann Frieden zerstört werden?

Male die passenden Wörter an.

Fallen dir weitere Wörter ein? Schreibe sie in die leeren Felder.

NEID		FREUDE
	HASS	
GLÜCK		HABSUCHT
	EIFERSUCHT	

Station 2 — Friedenstaube

Aufgabe: Schreibe ein eigenes Friedensgebet in die Friedenstaube. Schneidet die Tauben aus und hängt sie in der Klasse auf.

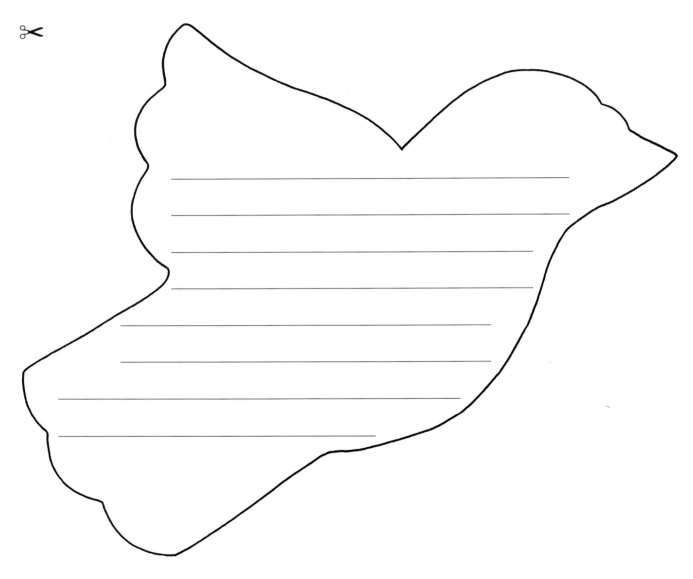

Station 3 — Botschaft von Engeln

Aufgabe: Suche die angegebenen Bibelstellen heraus.
Nutze dafür die Bibel oder das Internet.
Verbinde dann die Bibelstellen mit den passenden Textkästen.

1. Könige 19,4–8

Psalm 91,11–12

2. Mose 3,2

Lukas 2,10–11

Gott zeigt sich durch den Engel.

Der Engel verkündet frohe Botschaften.

Der Engel bewahrt den Menschen vor dem Tod.

Der Engel beschützt den Menschen.

Station 4 — Schutzengel

Aufgabe: Schutzengel stehen dir bei und behüten dich.
Forme deinen eigenen Schutzengel.

Rezept für Salzteig

Zutaten:

- 2 Tassen Mehl
- 1 Tasse Salz
- 1 Tasse Wasser
- 1 Teelöffel Öl

Material:

- bunte Wasserfarben
- 1 Pinsel
- 1 Wasserglas
- 1 Schüssel

Tipp:
Du kannst den Salzteig auch gleich mit bunter Lebensmittelfarbe einfärben. Dann ist er schon bunt und du brauchst ihn nicht anzumalen.

Zubereitung:

1. Mische alle Zutaten in der Schüssel zusammen. Knete sie gut durch. Schon kann es losgehen.

2. Forme einen Schutzengel.

3. Nun muss er richtig trocknen. Am besten lässt du ihn dafür einfach ein paar Tage im Klassenraum stehen.

4. Male ihn mit Wasserfarben bunt an.

5. Wenn dein Schutzengel fertig ist, kannst du ihm ein Schildchen umhängen und ihn verschenken.

Station 5 — Friedensstifter werden

Wenn du dir die folgenden Bibelsprüche zu Herzen nimmst, kannst du bald selbst Friedensstifter werden.
Aber dazu musst du sie erst einmal passend zusammensetzen.

Aufgabe: Schneide die Textkarten aus und klebe sie hier auf.

Station 5 — Friedensstifter werden (Textkärtchen)

Wenn dir jemand deinen Rock wegnimmt,	dem schenke noch deinen Mantel. (Matthäus 5,40)
Hat dein Feind Hunger,	sondern auch auf das, was des andern ist. (Philipper 2,4)
Wenn dich einer auf die eine Backe schlägt,	auch wenn er strauchelt, so freue dich nicht. (Sprüche 24,17)
Ein jeglicher sehe nicht auf das Seine,	so halte ihm auch die andere Backe hin. (Matthäus 5,39)
Eine linde Antwort stillt den Zorn,	aber ein hartes Wort richtet Grimm an. (Sprüche 15,1)
Ist es möglich,	dann gib ihm etwas zu essen und zu trinken. (Sprüche 25,21)
Freue dich nicht über den Fall des Feindes,	so habt mit allen Menschen Frieden. (Römer 12,18)

Station 6 — Gottes Kinder

Aufgabe: Bastelt eine Friedenswelt für das Klassenzimmer.

Ihr braucht:

- großes Papier oder Tapetenrollen
- Wasserfarben (blau und braun)
- Pinsel
- Wasserbecher
- Schere
- Klebstoff
- Bunt- oder Filzstifte

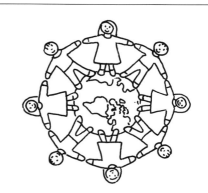

So geht's: Aus dem großen Papier oder der Tapetenrolle schneidet ihr eine Erdkugel aus.

Diese malt ihr mit den Farben Blau und Braun an, sodass man Meer und Land erkennen kann.

Jeder von euch schneidet nun ein oder zwei (wenn ihr wollt auch mehrere) Kinder von der Vorlage aus und malt sie an.

Am Schluss klebt ihr die Kinder um die Erdkugel herum, sodass sie etwa kniehoch auf der Erdkugel kleben. Es soll so aussehen, als ob sie sich an den Händen halten.

Malt den Bibelspruch schön an und klebt ihn in die Mitte der Erdkugel.

Selig sind die Friedfertigen, denn sie werden Gottes Kinder heißen.

(Matthäus 5,9)

Station 6 — Gottes Kinder (Ausschneidevorlage)

Station 1 — Kreuzworträtsel: Gebote

Aufgabe: Löse das Kreuzworträtsel.

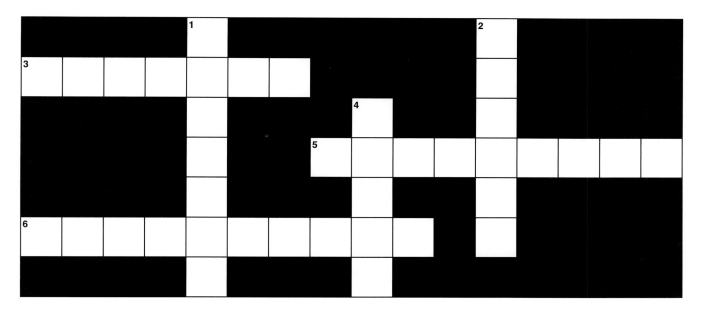

Waagerecht:

3. Aus welchem Land soll Moses das Volk herausführen?
5. Was sieht Moses auf dem Berg Horeb brennen?
6. Wie heißt das Volk, das Moses anführen soll?

Senkrecht:

1. Gott möchte nicht, dass du anderen etwas wegnimmst. Deshalb heißt ein Gebot: Du sollst nicht …
2. Wie nennt Gott den siebten Tag?
4. Wer hat die Gebote aufgeschrieben?

Station 2 — Gebote heute

Aufgabe 1: Lies diese Gebotsbrecher-Geschichte.

> Carla ist zehn Jahre alt. Ihre Eltern haben nicht so viel Geld.
> Da kommt ein neues Mädchen, Shirin, in die Klasse. Sie kommt aus Indien. Ihr Vater arbeitet hier in einer großen Firma. Alle erzählen, dass Shirin in einem riesigen Haus wohnt.
> Carla will auch mit Shirin befreundet sein.
> Und weil ihre Mutter immer mittwochs in einer Villa putzen muss, kommt ihr eine Idee.
> Sie lädt Shirin zu sich ein und tut so, als würde sie in der Villa wohnen. Den Schlüssel hat sie von ihrer Mama gemopst.
> Die richtigen Besitzer sind immer lang arbeiten und kommen erst spät abends nach Hause.

Aufgabe 2: Welches Gebot oder welche Gebote hat Carla nicht beachtet?

_____

_____

Aufgabe 3: Wie könnte die Geschichte weitergehen?

_____

_____

_____

_____

_____

Station 3 — Gebotsbrecher-Geschichten

Aufgabe: Suche dir zwei Gebote aus und schreibe eine eigene kleine Gebotsbrecher-Geschichte dazu.

Lest euch eure Geschichten gegenseitig vor.

Die anderen Kinder sollen herausfinden, welches Gebot in der Geschichte nicht beachtet wurde.

Die Zehn Gebote

1. Ich bin der Herr, dein Gott. Du sollst keine anderen Götter haben neben mir.
2. Du sollst den Namen des Herrn, deines Gottes, nicht missbrauchen.
3. Du sollst den Feiertag heiligen.
4. Du sollst deinen Vater und deine Mutter ehren.
5. Du sollst nicht töten.
6. Du sollst nicht ehebrechen.
7. Du sollst nicht stehlen.
8. Du sollst nicht falsch Zeugnis reden wider deinen Nächsten.
9. Du sollst nicht begehren deines Nächsten Haus.
10. Du sollst nicht begehren deines Nächsten Weib, Knecht, Magd, Vieh noch alles, was dein Nächster hat.

Station 4: Gebote-Memory®

Aufgabe: Schneide die Karten aus und verteile sie auf dem Tisch. Spiele mit einem Partner.

Findest du die Paare?

Ich bin der Herr, dein Gott. Du sollst keine anderen Götter haben neben mir.	Du sollst den Namen des Herrn, deines Gottes, nicht missbrauchen.	Du sollst den Feiertag heiligen.	Du sollst deinen Vater und deine Mutter ehren.
Du sollst nicht töten.	Du sollst nicht ehebrechen.	Du sollst nicht stehlen.	Du sollst nicht falsch Zeugnis reden wider deinen Nächsten.
Du sollst nicht begehren deines Nächsten Haus.	Du sollst nicht begehren deines Nächsten Weib, Knecht, Magd, Vieh noch alles, was dein Nächster hat.	1. Gebot	2. Gebot
3. Gebot	4. Gebot	5. Gebot	6. Gebot
7. Gebot	8. Gebot	9. Gebot	10. Gebot

Station 5 — Gebote verstehen

Aufgabe: Lies dir die Gebote durch und versuche dann, die Fragen im Heft zu beantworten.

5. Gebot: Du sollst nicht töten.

a) Was meinst du, wenn du sagst „Du sollst nicht töten"?

b) Ist es ein Unterschied, wenn du sagst „Ich will nicht töten"?

c) Welches Töten ist damit von dir gemeint?

7. Gebot: Du sollst nicht stehlen.

a) Gibt es Situationen oder Gründe, die stehlen „erlauben"?

b) Hast du schon einmal gestohlen?

c) Welche Formen von Eigentum nutzen der Freiheit aller Menschen und welche schadet ihr?

8. Gebot: Du sollst nicht falsch Zeugnis reden wider deinen Nächsten.

a) Was bedeutet dieser Satz?

b) Fällt dir eine Situation ein, in der du gelogen hast?

c) Gibt es Lügen, die „erlaubt" sind?

d) Manchmal ist die Wahrheit sehr verletzend. Schreibe ein Beispiel auf.

Station 1	*Martin Luther*	

Aufgabe 1: Setze dich bequem hin. Lege den Kopf auf deine Arme. Gleich sollst du genau zuhören.

Die Reise kann beginnen … also schließe nun die Augen.

Aufgabe 2: Beantworte die folgenden Fragen.

Wie war die Stimmung unter den Menschen?

_____

_____

Was wollte Tetzel verkaufen?

_____

_____

Wie war Luthers Meinung dazu?

_____

_____

Was hältst du von Ablassbriefen?

_____

_____

Station 1 — Martin Luther (Lesetext)

Du schaust dich um. Du siehst einen altertümlichen Marktplatz – und ganz viele Menschen in alten Gewändern.

Eine Frau rennt an dir vorbei und rempelt dich dabei an. Sie ruft die ganze Zeit: „Der Tetzel kommt! Der Tetzel kommt!"

Du murmelst vor dich hin: „Der Tetzel? Wer ist das denn?" Der Mann neben dir schaut dich ganz verwundert an.

„Der Tetzel ... der die Ablassbriefe verkauft!"

Aha ... Ablassbriefe ... hmmm. Jetzt wird es aber noch unruhiger. Alle strömen Richtung Mitte des Marktplatzes ... und da kommt etwas. Ein Mann wird in einer Sänfte getragen. Er hat ein prachtvolles Gewand an. Jetzt bist du auch neugierig geworden.

Alle laufen dem Mann in die Kirche hinterher.

Dort fängt der Mann, der Tetzel genannt wird, an zu sprechen:

„Hört zu! Ihr habt gesündigt. Und ihr wollt euch von euren Sünden reinwaschen. Das ist auch gut so, denn ihr ahnt nicht, welche Strafe der himmlische Vater für Sünder bereithält. Das Fegefeuer wird gar furchtbar für die, die zu Lebzeiten nicht um Vergebung bitten.

Aber ich kann euch helfen. Kauft einen Ablass bei mir.

Damit seien eure Sünden vergeben. Alle. Hier (er hält eine Papierrolle hoch) ist die Erlaubnis des Papstes."

Viele der Menschen drängen sich um Tetzel. Sie wollen sicherlich einen solchen Ablasszettel kaufen, damit ihre Sünden vergeben werden.

Du drängelst dich durch die Menge und verlässt die Kirche.

Draußen steht ein Mann. Er trägt eine braune Kutte und sieht aus wie ein Mönch. Er ruft den Menschen zu:

„Christen, hört mich an. Tetzel erzählt euch nicht die ganze Wahrheit.

Gott kann auch gütig sein, er vergibt euch eure Sünden auch ohne Ablassbriefe. Behaltet euer Geld und bittet Gott um Vergebung!"

Nachdenklich gehst du weiter. Du setzt dich an den Brunnen in die Sonne und schließt ein bisschen die Augen. Du denkst darüber nach, was die beiden Männer gesagt haben.

Station 2 — Ökumene

Aufgabe 1: Schreibe die Wörter in die entsprechende Spalte der Tabelle.

Tabernakel · Ewiges Licht · Altar · Taufstein · Beichtstuhl · Kreuz · Pastorin · Konfirmation · Pfingsten · Papst · Weihwasserbecken · Erntedank

katholisch	beide	evangelisch

Aufgabe 2: Ökumene bedeutet Gemeinschaft von christlichen Kirchen. Welche Gemeinsamkeiten haben die evangelische und die katholische Kirche?

Überlege und male die Gemeinsamkeiten an.

Du siehst: Es gibt viel mehr Gemeinsamkeiten als Unterschiede!

Station 3 — Vaterunser – ein gemeinsames Gebet

Aufgabe: Hier ist das Vaterunser durcheinandergeraten.

Schneide die Streifen aus und klebe sie in der entsprechenden Reihenfolge in dein Heft.

- **Vater unser im Himmel,**
- Dein Wille geschehe,
- geheiligt werde dein Name.
- Denn dein ist das Reich
- sondern erlöse uns von dem Bösen.
- und die Kraft
- **Amen.**
- Dein Reich komme.
- Und führe uns nicht in Versuchung,
- und die Herrlichkeit
- in Ewigkeit.
- wie auch wir vergeben unseren Schuldigern.
- Unser tägliches Brot gib uns heute.
- Und vergib uns unsere Schuld,
- wie im Himmel, so auf Erden.

Station 4 — Luthers 95 Thesen

Als Martin Luther lebte, glaubten viele Leute an das	in den Himmel zu kommen.
Luther aber war sicher, dass die Menschen nur an die Liebe und Gnade Gottes glauben mussten, um	Fegefeuer. Sie dachten, dass sie hier wegen ihrer Sünden leiden müssten.
Die Kirche bot damals den Menschen an, sogenannte	Gelehrter 95 Sätze, in denen er gegen diesen Handel mit dem Ablass sprach.
Martin Luther hielt das für völlig falsch und verfasste als Priester und	Ablassbriefe zu kaufen. Damit könnten sie sich von ihren Sünden freikaufen.
Er schickte diese Thesen an seine kirchlichen Vorgesetzten und nagelte sie außerdem	an die Tür der Kirche in Wittenberg, wo er predigte.
Dies war am 31. Oktober. Alle, die lesen konnten, sollten darüber	reden und nachdenken.
Luther wollte damit einige Dinge in seiner Kirche	gedacht. Er wird mit Gottesdiensten gefeiert.
Die Reformation der Kirche begann und einige Jahre später gingen daraus	die evangelischen Kirchen hervor.
Noch heute wird am Reformationstag, dem 31. Oktober, an diesen Beginn	verändern, also reformieren. Das geschah auch. Die Thesen verbreiteten sich im ganzen Land.

Station 5 — Bibelübersetzung

Wahrscheinlich hast du dir bis jetzt wenig Gedanken darüber gemacht, dass die Bibel ursprünglich auf Hebräisch geschrieben war. Sie wurde zunächst in Griechisch und Latein übersetzt. So hatten nur die Gelehrten Zugang zu ihr, denn das einfache Volk konnte keine dieser Sprachen lesen.

Aufgabe: Lies den folgenden Text und finde heraus, welche Wörter durcheinandergewirbelt wurden.

Dann erfährst du, wer die Bibel ins Deutsche übersetzt hat.

1521/22 übersetzte ein Mann, der sich Junker Jörg nannte, das Neue *sTetmaetn* _____ und schrieb es in nur drei *onMaent* _____ nieder. Er lebte auf der Wartburg in Sachsen.

Er nannte sich zu seinem Schutz Junker Jörg, hieß aber eigentlich *atnMri utLhre* _____ _____. Er wollte eine Bibel für das ganze Volk schaffen. 1522 kehrte er nach Wittenberg zurück.

Für die *breÜstzengu* _____ des Alten Testaments brauchte er *wlföz aJher* _____ _____. Er übersetzte nicht in Schriftdeutsch, das für die einfachen Menschen schwer zu verstehen war, sondern in das *egsporcheen* _____ Deutsch.

Die Sprache, die Luther bei seiner Übersetzung verwendet hat, gilt bis heute als Grundlage für unser Hochdeutsch.

1534 vollendete Luther seine Arbeit.

Station 1 — Mohammed

Mohammed verlor schon ganz früh seine Eltern und wuchs bei einem Onkel auf. Er hütete Ziegen und Schafe und lernte, Handel zu treiben und Geschäfte zu machen. Das wurde dann auch sein Beruf: Er wurde Kaufmann.

Er reiste viel durch die Welt, heiratete und bekam Kinder.

Mohammed ging oft in die Wüste und suchte den Berg Hira auf.

Und dort geschah es auch, dass Mohammed zum ersten Mal der Engel Gabriel erschien und mit ihm sprach. Da war er etwa vierzig Jahre alt. Diese Begegnungen nannte er Offenbarungen.

Mohammed erzählte die Offenbarungen weiter. Zunächst glaubten ihm nur wenige Menschen. Das änderte sich mit den Jahren. Mohammed kämpfte für seinen Glauben und seine Anhänger wurden immer mehr. Die Offenbarungen erhielt Mohammed über dreiundzwanzig Jahre. Sie bilden den Koran.

Kurz vor seinem Tod hielt er noch eine Rede in Mekka.

In dieser Rede sagte er, dass alle Muslime gleich behandelt werden sollten. Zudem sollte es keine Ungerechtigkeit und keinen Zins geben. Die Frauen sollten gut behandelt werden, das Gebet, fasten und die Wallfahrt sollten verrichtet werden. Im Jahre 632 starb der islamische Prophet.

Aufgabe: Lies den Text sorgfältig durch.

Schneide die Domino-Karten aus. Lege sie in die passende Reihenfolge und klebe sie in dein Heft.

Station 1 — Mohammed (Domino-Karten)

| START | Bei wem wuchs Mohammed auf? |

| Er erhielt Offenbarungen, die er den Menschen weitergab. | Wie lange erhielt er diese Offenbarungen? |

| Er erhielt sie über zwanzig Jahre lang. | Was bilden alle Offenbarungen zusammen? |

| Mohammed war Kaufmann von Beruf. | Wohin ging Mohammed oft? |

| Er wuchs bei seinem Onkel auf. | Welchen Beruf übte Mohammed aus? |

| Er starb im Jahre 632. | ZIEL |

| Die Offenbarungen bilden den Koran. | In welchem Jahr starb Mohammed? |

| Ihm begegnete dort der Engel Gabriel. | Was erhielt Mohammed von dem Engel Gabriel? |

| Mohammed ging oft in die Wüste auf den Berg Hira. | Was geschah dort eines Tages? |

Station 2 — Aufbau und Inhalt des Koran

Der Koran ist das Heilige Buch und die Glaubensgrundlage des Islam. Er besteht aus 114 Suren (Abschnitten). Im Koran steht unter anderem, dass die Gläubigen fünfmal am Tag beten sollen. Sie sollen keinen Alkohol trinken und kein Schweinefleisch essen. Die Kleidung der Gläubigen soll einfach und gepflegt sein. Die Frauen sollen Kleidung tragen, die so weit geschnitten ist, dass die Körperkonturen nicht deutlich hervortreten. Darüber hinaus sollen Oberkörper und Haare bedeckt sein. Dies dient dazu, die Frauen vor Blicken der Männer zu schützen und ihre Würde zu wahren. Über die genauen Anweisungen des Koran zur Verhüllung der Frau gibt es bis heute verschiedene Ansichten. Viele sind der Meinung, der Koran schreibe eine Verhüllung nicht vor. Traditionelle Muslime tragen Kleidungsstücke wie das Kopftuch jedoch gerne und als Zeichen ihres Glaubens.

Aufgabe: Kreuze die richtigen Aussagen an.

☐ Der Koran ist das Heilige Buch der Christen.

☐ Er besteht aus 141 Suren.

☐ Gläubige sollen fünfmal am Tag beten.

☐ Alkohol und Rindfleisch sind verboten.

☐ Schweinefleisch und Alkohol sind verboten.

☐ Durch ihre Kleidung soll die Frau vor den Blicken der Männer geschützt werden.

☐ Der Koran ist das Heilige Buch des Islam.

Station 3 — Die 99 Namen Allahs

Aufgabe: Finde im Internet die 99 Namen Allahs. Schreibe fünf davon hier auf.

_____

_____

_____

_____

_____

Du hast nun die 99 Namen Allahs kennengelernt.

Diesen Namen entsprechen die 99 Perlen der islamischen Gebetskette.

Manche Ketten haben nur 33 Perlen. Sie werden dreimal abgezählt.

Viele Gläubige benutzen diese Gebetsketten, indem sie die Perlen durch die Finger gleiten lassen und dabei an die Namen Allahs denken.

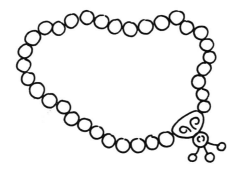

| Station 4 | *Die fünf Säulen des Islam* | |

Es gibt fünf Grundpflichten, die ein Muslim verrichten soll: die sogenannten fünf Säulen des Islam.

Aufgabe: Zeichne in den Kasten ein Haus, das auf fünf Säulen steht. Schneide dazu die Säulen unten aus und klebe sie auf.

Glaubensbekenntnis
„Es gibt keinen Gott außer Allah und Mohammed ist sein Prophet."

Gebet (5-mal täglich)

Fasten (im Monat Ramadan)

Almosengeben (Jeder Muslim soll von seinem Einkommen etwas den Armen geben.)

Pilgerfahrt (nach Mekka, einmal im Leben)

Station 5 — Die rituelle Waschung

Muslime beten fünfmal täglich. Wichtig dabei ist, dass die Unterlage oder der Boden sauber ist und man selbst auch.

Deshalb waschen sich Muslime auf eine genau vorgeschriebene Weise. Wenn man nicht besonders schmutzig ist, reicht die einfache Reinigung:

1. **Ich wasche mir dreimal die Hände und Handgelenke.**
2. **Ich spüle mir dreimal den Mund aus.**
3. **Ich spüle mir dreimal die Nase aus.**
4. **Ich wasche das Gesicht dreimal.**
5. **Ich wasche mir dreimal den rechten und den linken Arm.**
6. **Mit den nassen Händen fahre ich mir einmal über die Haare und die Ohren.**
7. **Ich wasche mir erst den rechten, dann den linken Fuß bis zu den Knöcheln dreimal.**

Aufgabe: Male in der richtigen Reihenfolge, welche Körperteile vor dem Gebet gewaschen werden.

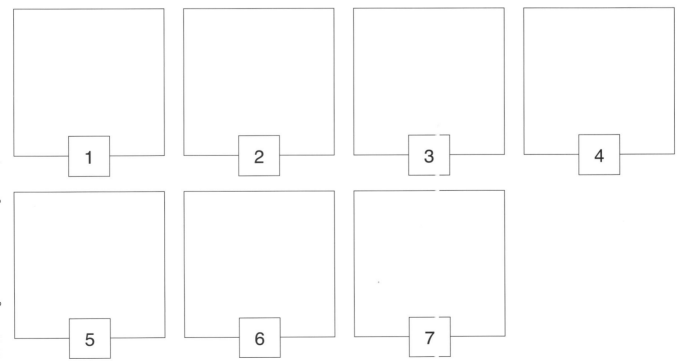

Station 6 — Das Gebet

Muslime beten fünfmal am Tag. Zum ersten Mal kurz vor Sonnenaufgang, dann mittags, nachmittags, am Abend und vor dem Schlafengehen.
Auch das Gebet selbst ist ein Ritual, dass überall gleich durchgeführt wird. Man betet immer Richtung Mekka. In Deutschland ist das in Richtung Süd-Süd-Ost. Wenn möglich, geht der Gläubige zum Beten in die Moschee.

Aufgabe: Löse das Rätsel, dann erfährst du einiges über die Moschee.

A	B	C	D	E	F	G	H	I	J	K	L	M	N
1	2	3	4	5	6	7	8	9	10	11	12	13	14

O	P	Q	R	S	T	U	V	W	X	Y	Z	Ä
15	16	17	18	19	20	21	22	23	24	25	26	27

Hier siehst du eine Moschee in Deutschland, und zwar in _____ .
2 5 18 12 9 14

Der Turm ist das sogenannte _____ .
13 9 14 1 18 5 20 20

Von diesem Turm ruft der _____ zum Gebet.
13 21 5 26 26 9 14

Vor dem _____ stehen viele _____ , denn
5 9 14 7 1 14 7   19 3 8 21 8 5

man betritt die Moschee nicht mit Schuhen.

_____ und _____ haben verschiedene Eingänge.
13 27 14 14 5 18   6 18 1 21 5 14

Immer gibt es einen Ort, an dem sich die Gläubigen _____ können.
23 1 19 3 8 5 14

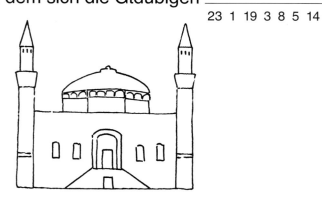

Station 7 — Ramadan

Aufgabe: Löse das Kreuzworträtsel.

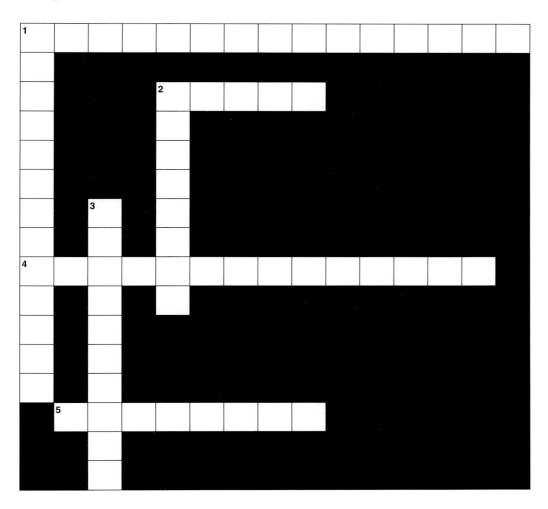

Waagerecht:

1. Das Fasten endet bei _____.
2. Mohammed wurden die ersten Abschnitte des _____ offenbart.
4. Nach Beendigung des Fastenmonats feiern die Muslime das Fest des _____.
5. Jeder Mann und jede Frau, die bereits in der _____ waren, nehmen am Fasten teil.

Senkrecht:

1. Das Fasten beginnt bei _____.
2. Ramadan ist der neunte Monat im islamischen _____.
3. Während des Fastenmonats findet auch die Nacht der _____ statt.

Laufzettel

für _____

PFLICHTSTATIONEN

Stationsnummer	Erledigt am	Kontrolliert am
Nummer _____		
Nummer _____		
Nummer _____		
Nummer _____		
Nummer _____		
Nummer _____		

WAHLSTATIONEN

Stationsnummer	Erledigt am	Kontrolliert am
Nummer _____		
Nummer _____		
Nummer _____		
Nummer _____		

Lösungen

Spuren des Lebens entdecken/Station 1 — Seite 7

2. Er hat Spuren in den Herzen der Menschen hinterlassen.
3. Er hat die Menschen zum Lachen gebracht.
   Er hat den Menschen zugehört.
   Er hat mit den Menschen gemeinsam gefeiert.

Spuren des Lebens entdecken/Station 3 — Seite 10

Die Felder eines reichen Mannes ließen eine gute Ernte erwarten. Daher überlegte er, was er mit dem Ertrag machen sollte.

Schließlich sagte er: „Ich werde meine Scheune abreißen und eine größere Scheune bauen. Da kann ich alles unterbringen und mich ausruhen."

„Ich werde essen und trinken und es mir richtig gut gehen lassen, denn die Vorräte reichen für Jahre." Da sprach Gott zu ihm: „Du Narr! In dieser Nacht noch wird dein Leben zurückgefordert."

„Wem wird dann all das gehören, was du angehäuft hast? – So geht es jedem, der nur für sich selbst Schätze sammelt, aber vor Gott nicht reich ist."

Juden und ihren Glauben verstehen lernen/Station 1 — Seite 14

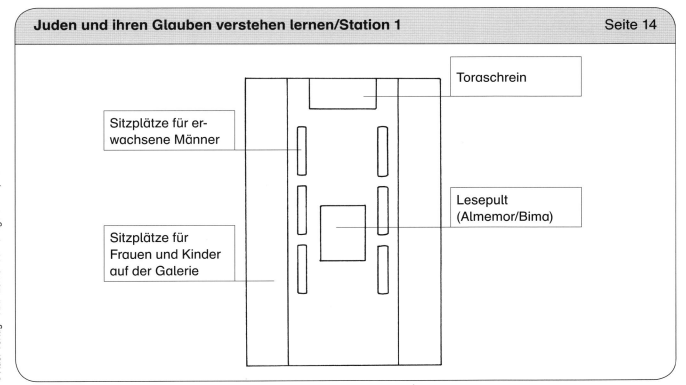

Juden und ihren Glauben verstehen lernen/Station 2

Seite 15

Der Sabbat

In der Tora heißt ein **Gebot**: „Du sollst den **Sabbat** heiligen."
An diesem Tag darf nicht **gearbeitet** werden.
Der Sabbat beginnt am **Freitag**, wenn die ersten
drei Sterne am Himmel stehen und endet genau zur selben Zeit am
Samstag. Die ganze Familie geht gemeinsam in die **Synagoge**.
In einem Gottesdienst wird nun die „Königin Schabbat" begrüßt.
Danach wird der Beginn des Sabbats mit einem herrlichen Mahl
gefeiert. Der ganze Samstag gehört **Gott** und der Familie.

S	R	J	G	E	B	O	T	E	S	R	S	Z
A	G	E	A	R	B	E	I	T	E	T	Y	G
B	G	H	F	R	E	I	T	A	G	C	V	O
B	W	E	R	K	L	X	Z	S	I	S	K	T
A	R	T	Z	U	I	O	P	Ü	A	S	D	T
T	S	Y	N	A	G	O	G	E	Q	W	E	R
E	Y	X	C	V	B	N	M	T	H	O	M	A

Juden und ihren Glauben verstehen lernen/Station 3

Seite 16

1. Für die Tora wird die hebräische Schrift verwendet.
2. Die Torarollen werden von speziellen Schreibern auf Pergament geschrieben.
3. Sie besteht aus den fünf Büchern Mose.
4. Die Tora ist auf zwei Stäbe gewickelt.
5. Sie wird entweder in einem Holzkasten (Tik) aufbewahrt oder in einen bestickten Mantel gewickelt.
6. Dieser wird im Toraschrein verwahrt.
7. Die Rolle selbst wird mit einem Schild verziert.
8. Häufig bekommt sie eine Krone oder einen Aufsatz.
9. Diese sind meist aus Silber.
10. Gelesen wird die Tora mit Hilfe eines Deuters (Jad).
11. Das ist ein silberner Stab, dessen Ende eine Hand mit ausgestrecktem Zeigefinger ziert.
12. Er dient als Lesehilfe und soll die Torarolle vor unsauberen Händen schützen.

Juden und ihren Glauben verstehen lernen/Station 5 — Seite 19 und 20

Judentum und Christentum im Vergleich

1.
Für die Christen ist Jesus der Sohn Gottes, der zu Fleisch geworden ist. Er ist gestorben und wieder auferstanden. Daher glauben sie auch an den dreieinigen Gott, bestehend aus Gott, dem Heiligen Geist und Jesus Christus.
Die Juden glauben nicht an Jesus als Gottes Sohn. Sie sehen in ihm einen großen Propheten, Meister und Lehrer. Für die Juden ist der Messias noch nicht erschienen. Er wird erst kommen, wenn alle Juden den Sabbat einhalten und feiern.
Die christliche Bibel besteht aus dem Alten Testament und dem Neuen Testament. Das Neue Testament ist in der jüdischen Tora nicht enthalten.
Ein weiterer Punkt in dem Juden und Christen sich unterscheiden, ist der Tag, an dem sie Gott ehren. Die Juden feiern am Samstag den Sabbat. Die Christen dagegen halten am Sonntag ihre Gottesdienste ab.
Aber in beiden Religionen wird Abraham als Stammhalter angesehen und gewürdigt. Ebenso halten beide ihre Gottesdienste in eigens dafür eingerichteten Häusern: Bei den Juden ist das die Synagoge und bei den Christen die Kirche. Der Gottesdienst wird in der Kirche vom Pfarrer gehalten, in der Synagoge übernimmt diese Aufgabe ein Rabbiner. Der Pfarrer betet an einem Altar, während in der Synagoge ein Betpult vorhanden ist. Jerusalem gilt in beiden Religionen als Heilige Stätte.
Sowohl Juden als auch Christen haben ein Symbol für ihren Glauben. Bei Christen ist es das Kreuz, bei Juden der Davidstern:

2.
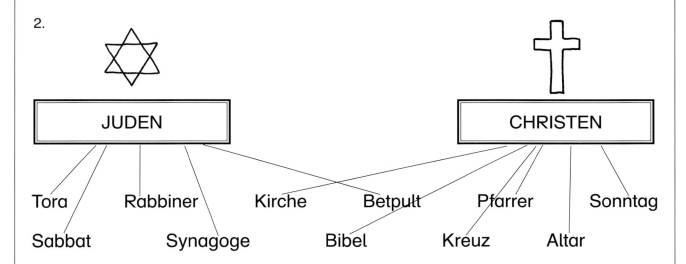

3. Gemeinsamkeiten sind: Gott als Schöpfer, Abraham, Gebote, Altes Testament

Die Bibel/Station 1 — Seite 21

AT: 2. Buch Mose, Josua, Obadja, Amos, Daniel

NT: Evangelium nach Matthäus, Brief an die Römer, Offenbarung, Brief des Judas, Petrus-Briefe, Brief an Titus, Evangelium nach Lukas

Die Bibel/Station 2 — Seite 22

Lösungssatz: Das hast du gut gemacht!

Die Bibel/Station 3 — Seite 23

2. Matthäus 18,20: Text 1; Jeremia 29,13–14: Text 2; Lukas 6,20–23: Text 3

Die Bibel/Station 4 — Seite 24

Wie viel?	Bibelstelle	Was ist es?
225 g	1. Könige 5,2	Mehl
100 g	Sprüche 16,24	Honig
180 g (gemahlen)	4. Mose 17,23	Mandeln
1	Lukas 11,12	Ei
200 g	5. Mose 32,14 (1. Zutat)	Butter
1 Teelöffel	–	Vanillezucker

Die Bibel/Station 5 — Seite 25

Tim schreibt heute eine Klassenarbeit. Er hat viel gelernt, ist aber sehr aufgeregt. In seinem Herzen sagt er: „Herr Jesus, bitte hilf mir. Ich weiß nicht weiter, aber du weißt, dass ich viel geübt habe." Er bittet Gott und Jesus um Hilfe. Und tatsächlich wird er langsam ruhiger und all das Gelernte fällt ihm wieder ein. Nun kann er die schweren Aufgaben lösen.

Angst – Vertrauen

Ich will dem Herrn meine Übertretungen bekennen; und du, du hast vergeben die Ungerechtigkeit meiner Sünde. (Psalm 32,5)

Aber mit uns ist der Herr, Gott, um uns zu helfen.
(2. Chronik 32,8)

Schuld – Vergebung

Auf dem Schulhof ist viel los. In einer Ecke stehen einige Kinder und schauen zwei Jungs zu, die mit einem Feuerzeug spielen. Sie zünden alles an, was sie auf dem Boden finden. Auch ein Stück Plastikfolie. Die geht schnell in Flammen auf und stinkt und qualmt ganz fürchterlich. Alle erschrecken sich. Wer hätte gedacht, dass eine so große Flamme dabei entsteht?

Der Lehrer eilt herbei und schimpft. Er will wissen, wer das Feuer gemacht hat. Lilly steht dabei und überlegt. Sie will die Jungs nicht verpetzen. Aber ein schlechtes Gewissen hat sie dennoch … Es hätte ja Schlimmeres passieren können. Da geht sie einen Schritt nach vorn und sagt: „Herr Schmidt, ich habe diejenigen, die das Feuer gemacht haben, nicht davon abgehalten. Ich bin sogar dabeigestanden und habe zugeschaut, weil ich es auch toll fand. Ich bin also auch schuldig."

Egal, wie die Strafe ausfällt, Lilly geht es nun besser, denn sie hat ihre Schuld zugegeben. Sie hörte auf ihr Gewissen und das ist wieder rein, denn Gott hat ihr schon vergeben.

Sich nach Freiheit sehnen – Freiheit erleben/Station 1

Seite 26

Die Gedanken sind frei   Volkslied

Die Gedanken sind frei … wer kann sie erraten?

Sie fliegen vorbei … wie nächtliche Schatten.
Kein Mensch kann sie wissen … kein Jäger erschießen …
Mit Pulver und Blei: Die Gedanken sind frei!

Ich denke, was ich will … und was mich beglücket …
Doch alles in der Still' … und wie es sich schicket.
Mein Wunsch und Begehren … kann niemand verwehren.
Es bleibet dabei: Die Gedanken sind frei!

Und sperrt man mich ein … im finsteren Kerker …
Das alles sind rein … vergebliche Werke.
Denn meine Gedanken … zerreißen die Schranken …
Und Mauern entzwei: Die Gedanken sind frei!

Drum will ich auf immer … den Sorgen entsagen …
Und will mich auch nimmer … mit Grillen mehr plagen.
Man kann ja im Herzen … stets lachen und scherzen …
Und denken dabei: Die Gedanken sind frei!

Sich nach Freiheit sehnen – Freiheit erleben/Station 3

Seite 28

Sich nach Freiheit sehnen – Freiheit erleben/Station 4 Seite 29

ICH BIN JAHWE.

DAS BEDEUTET: ICH BIN DA.

DAS IST MEIN NAME FÜR

IMMER.

Sich nach Freiheit sehnen – Freiheit erleben/Station 6 Seite 31

1. Nein, sie werden auch in gefährlichen Berufen eingesetzt.
2. Die Eltern kümmern sich nicht darum. Oft können sie selbst nicht lesen und schreiben, sodass sie die Bedeutung von Bildung nicht kennen.
3. Sri Lanka hat die Schulpflicht eingeführt.

Über Sterben und Tod nachdenken/Station 3 Seite 34

Es segne dich Gott, der Vater,	der dich durch sein Leiden und Sterben erlöst hat.
Es segne dich Gott, der Sohn,	der dich nach seinem Ebenbild erschaffen hat.
Es segne dich Gott, der Heilige Geist,	in das Reich, da seine Auserwählten ihn ewig preisen.
Der treue und barmherzige Gott wolle dich durch seine Engel geleiten	der dich zu seinem Tempel geführt und geheiligt hat.

Zum Frieden anstiften/Station 3 Seite 41

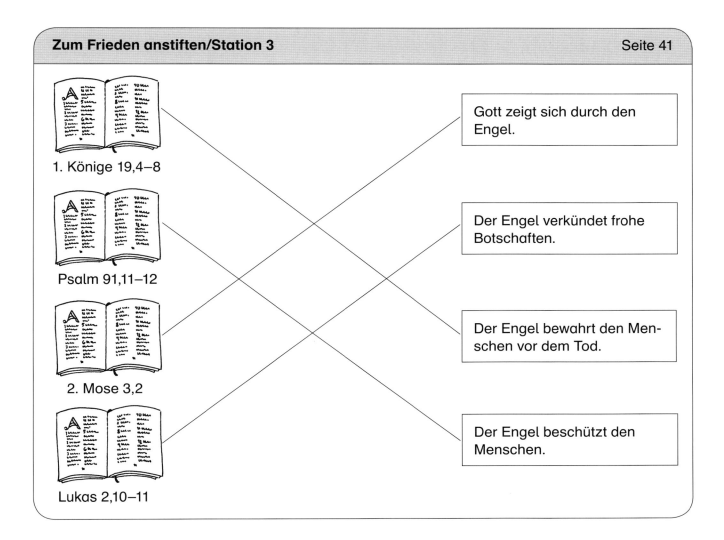

Zum Frieden anstiften/Station 5 Seite 43

Wenn dir jemand deinen Rock wegnimmt,	dem schenke noch deinen Mantel. (Matthäus 5,40)
Hat dein Feind Hunger,	dann gib ihm etwas zu essen und zu trinken. (Sprüche 25,21)
Wenn dich einer auf die eine Backe schlägt,	so halte ihm auch die andere Backe hin. (Matthäus 5,39)
Ein jeglicher sehe nicht auf das Seine,	sondern auch auf das, was des andern ist. (Philipper 2,4)
Eine linde Antwort stillt den Zorn,	aber ein hartes Wort richtet Grimm an. (Sprüche 15,1)
Ist es möglich,	so habt mit allen Menschen Frieden. (Römer 12,18)
Freue dich nicht über den Fall des Feindes,	auch wenn er strauchelt, so freue dich nicht. (Sprüche 24,17)

Mit Gottes Geboten leben/Station 1 — Seite 47

Mit Gottes Geboten leben/Station 2 — Seite 48

2. Gebot 8, Gebot 9 bzw. 10

3. *Beispiel:* Die Eigentümer kommen nach Hause und Carla muss alles erklären. Shirin ist enttäuscht und erklärt Carla, dass sie nicht wegen des Hauses mit ihr befreundet sein will.

Mit Gottes Geboten leben/Station 4 — Seite 50

Lösung siehe Arbeitsblatt Station 3.

Wurzeln des Glaubens/Station 1 — Seite 52

2. Die Menschen waren aufgeregt.
   Tetzel wollte Ablassbriefe verkaufen.
   Luther glaubte, dass keine Ablassbriefe notwendig sind, damit die Sünden vergeben werden.
   Allein Gott vergebe die Sünden.

Wurzeln des Glaubens/Station 2

Seite 54

1.

katholisch	beide	evangelisch
Tabernakel	Taufstein	Pastorin
Ewiges Licht	Kreuz	Konfirmation
Beichtstuhl	Altar	
Weihwasserbecken	Erntedank	
Papst	Pfingsten	

2.

Bibel   Marienbild   Vaterunser

Buß- und Bettag   Taufe   Gott   Beichte

Erstkommunion   Ostern   Kirche   Weihnachten

Wurzeln des Glaubens/Station 3

Seite 55

Vater unser im Himmel,
geheiligt werde dein Name.
Dein Reich komme.
Dein Wille geschehe,
wie im Himmel, so auf Erden.
Unser tägliches Brot gib uns heute.
Und vergib uns unsere Schuld,
wie auch wir vergeben unseren Schuldigern.
Und führe uns nicht in Versuchung,
sondern erlöse uns von dem Bösen.
Denn dein ist das Reich
und die Kraft
und die Herrlichkeit
in Ewigkeit.
Amen.

Wurzeln des Glaubens/Station 4 — Seite 56

Satzanfang	Satzende
Als Martin Luther lebte, glaubten viele Leute an das	Fegefeuer. Sie dachten, dass sie hier wegen ihrer Sünden leiden müssten.
Luther aber war sicher, dass die Menschen nur an die Liebe und Gnade Gottes glauben mussten, um	in den Himmel zu kommen.
Die Kirche bot damals den Menschen an, sogenannte	Ablassbriefe zu kaufen. Damit könnten sie sich von ihren Sünden freikaufen.
Martin Luther hielt das für völlig falsch und verfasste als Priester und	Gelehrter 95 Sätze, in denen er gegen diesen Handel mit dem Ablass sprach.
Er schickte diese Thesen an seine kirchlichen Vorgesetzten und nagelte sie außerdem	an die Tür der Kirche in Wittenberg, wo er predigte.
Dies war am 31. Oktober. Alle, die lesen konnten, sollten darüber	reden und nachdenken.
Luther wollte damit einige Dinge in seiner Kirche	verändern, also reformieren. Das geschah auch. Die Thesen verbreiteten sich im ganzen Land.
Die Reformation der Kirche begann und einige Jahre später gingen daraus	die evangelischen Kirchen hervor.
Noch heute wird am Reformationstag, dem 31. Oktober, an diesen Beginn	gedacht. Er wird mit Gottesdiensten gefeiert.

Wurzeln des Glaubens/Station 5 — Seite 57

1521/22 übersetzte ein Mann, der sich Junker Jörg nannte, das Neue *sTetmaetn* __Testament__ und schrieb es in nur drei *onMaent* __Monaten__ nieder. Er lebte auf der Wartburg in Sachsen.

Er nannte sich zu seinem Schutz Junker Jörg, hieß aber eigentlich *atnMri utLhre* __Martin__ __Luther__. Er wollte eine Bibel für das ganze Volk schaffen. 1522 kehrte er nach Wittenberg zurück.

Für die *breÜstzengu* __Übersetzung__ des Alten Testaments brauchte er *wlföz aJher* __zwölf__ __Jahre__. Er übersetzte nicht in Schriftdeutsch, das für die einfachen Menschen schwer zu verstehen war, sondern in das *egs-porcheen* __gesprochene__ Deutsch.

Die Sprache, die Luther bei seiner Übersetzung verwendet hat, gilt bis heute als Grundlage für unser Hochdeutsch.

1534 vollendete Luther seine Arbeit.

Muslimen begegnen – ihre Lebensweise verstehen/Station 1 — Seite 58

START	Bei wem wuchs Mohammed auf?	Er wuchs bei seinem Onkel auf.	Welchen Beruf übte Mohammed aus?
Mohammed war Kaufmann von Beruf.	Wohin ging Mohammed oft?	Mohammed ging oft in die Wüste auf den Berg Hira.	Was geschah dort eines Tages?
Ihm begegnete dort der Engel Gabriel.	Was erhielt Mohammed von dem Engel Gabriel?	Er erhielt Offenbarungen, die er den Menschen weitergab.	Wie lange erhielt er diese Offenbarungen?
Er erhielt sie über zwanzig Jahre lang.	Was bilden alle Offenbarungen zusammen?	Die Offenbarungen bilden den Koran.	In welchem Jahr starb Mohammed?
Er starb im Jahre 632.	ZIEL		

Muslimen begegnen – ihre Lebensweise verstehen/Station 2 — Seite 60

- ☐ Der Koran ist das Heilige Buch der Christen.
- ☐ Er besteht aus 141 Suren.
- ☒ Gläubige sollen fünfmal am Tag beten.
- ☐ Alkohol und Rindfleisch sind verboten.
- ☒ Schweinefleisch und Alkohol sind verboten.
- ☒ Durch ihre Kleidung soll die Frau vor den Blicken der Männer geschützt werden.
- ☒ Der Koran ist das Heilige Buch des Islam.

Muslimen begegnen – ihre Lebensweise verstehen/Station 3 — Seite 61

Beispiele: der Barmherzige, der Gute, der Reiche, der Schöpfer des Neuen, der Geduldige, der Gnädige, der Allwissende, der Gerechte, der große Verzeiher, der Glorreiche …

Muslimen begegnen – ihre Lebensweise verstehen/Station 6 — Seite 64

Hier siehst du eine Moschee in Deutschland, und zwar in **Berlin**.

Der Turm ist das sogenannte **Minarett**.

Von diesem Turm ruft der **Muezzin** zum Gebet.

Vor dem **Eingang** stehen viele **Schuhe**, denn man betritt die Moschee nicht mit Schuhen.

Männer und **Frauen** haben verschiedene Eingänge.

Immer gibt es einen Ort, an dem sich die Gläubigen **waschen** können.

Muslimen begegnen – ihre Lebensweise verstehen/Station 7 — Seite 65

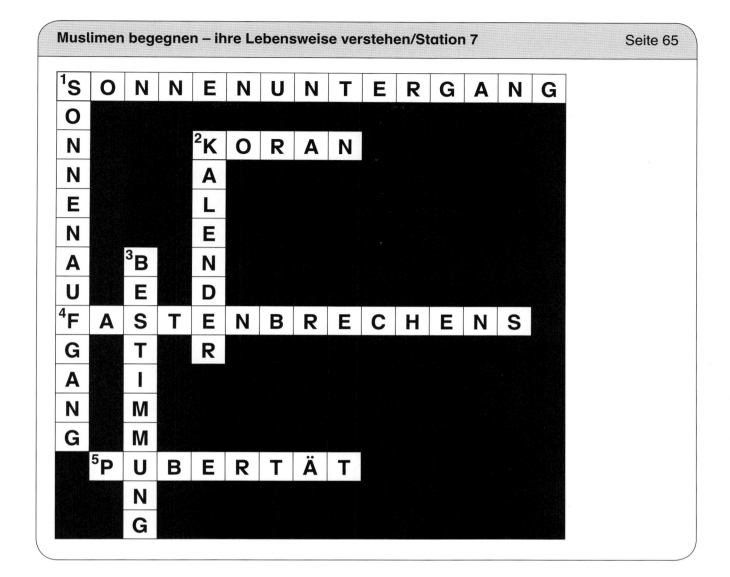

Auer empfiehlt

Die optimale Ergänzung zu diesem Buch:

Kraus, Sandra

Spielerischer Lernspaß Religion Klasse 3/4

Mit Rätseln und Spielen Lehrplaninhalte einleiten, mit Kopiervorlagen und Lösungsteil

▸ Sammlung mit abwechslungsreichen Rätseln und Spielen für zwischendurch, passend zu den Themen des Lehrplan Religion

Es gibt immer wieder Unterrichtssituationen, in denen man schnell einsetzbare Materialien für zwischendurch braucht: um Schüler zu beschäftigen, die schneller mit ihren Aufgaben fertig sind; um eine Stunde zu füllen, wenn noch etwas Zeit ist; um eine Stunde mit einem spielerischen Element aufzulockern, wenn die Schüler nicht mehr konzentriert sind.

Diese Sammlung bietet für solche Situationen eine Vielzahl an Rätseln und Spielen zu wesentlichen Lehrplanthemen! Beim Memoryspielen und Malen, beim Rollenspiel und Lösen von Geheimschrifträtseln werden wichtige Themen schnell und spielerisch gefestigt - und das Ganze macht auch noch jede Menge Spaß!

72 S., DIN A4
▸ Best-Nr. **06707**

Die Themen:

Das Buch der Bücher | Zusammenleben ermöglichen | Menschen begegnen Gott | Christen feiern Feste | gemeinsamer Glaube | andere Glaubensrichtungen

---

Weiterer Titel aus dieser Reihe:

Kraus, Sandra

Spielerischer Lernspaß Religion 1/2

Mit Rätseln und Spielen Lehrplaninhalte einleiten, mit Kopiervorlagen und Lösungsteil

72 S., DIN A4
▸ Best-Nr. **06706**

Bestellschein (bitte kopieren und faxen/senden)

Ja, bitte senden Sie mir gegen Rechnung:

Anzahl	Best.-Nr.	Kurztitel
	06707	Spielerischer Lernspaß Reli 3/4
	06706	Spielerischer Lernspaß Reli 1/2

☐ Ja, ich möchte per E-Mail über Neuerscheinungen und wichtige Termine informiert werden.

E-Mail-Adresse*

*Der E-Mail-Newsletter ist kostenlos und kann jederzeit abbestellt werden. Ihre Daten werden im Rahmen der gesetzlichen Vorschriften geschützt. Nähere Informationen zum Datenschutz finden Sie unter: www.auer-verlag.de/go/daten

Auer Verlag
Heilig-Kreuz-Str. 16
86609 Donauwörth

Fax: 09 06 / 73-178
oder einfach anrufen:
Tel.: 09 06 / 73-240
(Mo-Do 8:00-16:00 & Fr 8:00-13:00)
E-Mail: info@auer-verlag.de

Aktionsnummer: 9066

Absender:

Vorname, Nachname

Straße, Hausnummer

PLZ, Ort

Datum, Unterschrift